超建築パース
遠近法を自在に操る26の手描き術

HYPER–ARCHITECTURAL PERSPECTIVE DRAWING
26 Hand-Drawing Techniques for Manipulating Spatial Shapes

田中智之

学芸出版社

はじめに
「いい加減」に描く

　本書は『超建築パース　遠近法を自在に操る26の手描き術』と名付けられましたが、これは［超建築パース］［遠近法を自在に操る］［26の手描き術］という3つのフレーズから成っています。

　CADやCGが普及し、建築パース表現がデジタルも含め多様化するなか、手描きでしかできない技をさらに伸ばすために追究したパース術、それが［超建築パース］です。デジタルが主流の近年においても筆者が手描きパースにこだわるのには、確たる理由があります。それは一言で言うと、「手描きならではのいい加減さ」でしょう。「いい加減」とは、「雑」「テキトー」という意味ではなく「正確さに基づく自由な応用」と考えてください。

　建築パースの歴史は古く、遠近法として確立されたルネサンス期以来、何世紀にもわたって洗練されつづけた手描き図法の情報伝達力は、皆さんもよく知るところでしょう。本書は、その［遠近法を自在に操る］裏技、極端に言えば、図法の"悪用"をすすめる指南書です。
　型を破るには、まず型を知りましょう。「第1章 図の基本」として表現の目的、図の種類、その選択方法を学びます。そして「第2章 図を描く」では、実際のプロジェクトで描いたパースを通して、外観および内観パースの描き方をその手順と共に紹介します。

　そしていよいよ"悪用"の技、［26の手描き術］の真髄へとせまります。「第3章 図の極意」では構図や骨格づくり、そして描画や仕上げといったパース作成段階でのツボを解説。「ねじふせる」「ふくらます」「はぶく」など、多様な手描きの機微は、作図系ツボと言ってよいでしょう。
　そして「第4章 図の展開」では"手描きでしかできない技"として、臨場感や雰囲気、空間の経験や変幻性など、手描きならではの自由さを拡張しようとするツボの世界へと誘います。この応用系ツボを修得できたら、あなたは手描きパースのエキスパートといっても過言ではありません。

　図の目的・種類の紹介から始まり、描き方を経て作図系ツボ、さらには応用系ツボへと至る本書の内容を、初学者から実務者まで幅広く理解してもらうために、できるだけわかりやすい図説の体裁をとっています。プロジェクトやコンペで描いたパースを可能な限り実際の表現に近い状態で掲載し、その"手描き感"を感じつつ、その表現に込められた考えや工夫点をシンプルな文章やスケッチ等を通して理解してもらえるような構成を目指しました。

　このありそうでなかったパースの手描き術を指南する本書を通して、一人でも多くの方が手描きパースの世界に魅了され、それぞれの超建築パースを自由につくってもらえたら幸いです。

田中智之

目次

第 1 章　図の基本

図の基本について 3 つのテーマに分けて考えていく。まず［ねらう］。
何を伝える図なのか・図の目的や用途について考える。次に［しる］。
どんな表現があるか・図法の種類を知る。そして［えらぶ］。
最適な手法はどれか・目的に応じた図法の選び方、である。
ちなみにこれらは描く前に検討しておくべき
プロセスの順および種類と一致している。

HYPER–ARCHITECTURAL PERSPECTIVE DRAWING
26 Hand-Drawing Techniques for Manipulating Spatial Shapes

01 ねらう

プレゼンテーションする相手はだれで、求められている情報は何なのか。パースの表現力を高める第一歩として重要なのは、目的の設定である。図法とひとくちにいってもそれぞれに得手、不得手がある。何を伝える表現なのか、目的に応じた描画法の選択や表現の工夫が必要だ。そして、提案する空間の特徴を最も的確に伝える図法や描画法を選択できているか。

まずは本書に掲載した全45の表現をご覧いただきたい。

多様なバリエーションの全体像を掴めたら、個々の手法について具体的に学ぶステップへと進んでいこう。

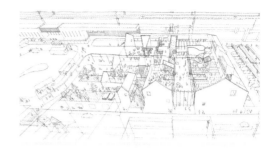

4. 那須塩原市・(仮称) 駅前図書館等 (プロポーザル案) [p.42]

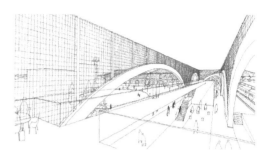

5. 上州富岡駅舎 (コンペ案) [p.44]

1. (仮称) 熊本フットボールセンター (ドローイング) [p.28]

6. 福岡アイランドシティ (ドローイング) [p.46]

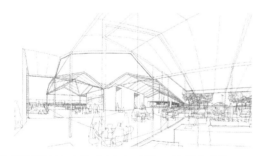

2. (仮称) 熊本フットボールセンター (ドローイング) [p.34]

7. 中里村新庁舎 (プロポーザル案) [p.48]

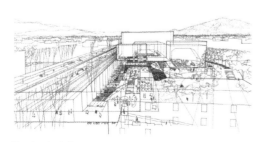

3. 茅野市民館 (プロポーザル案) [p.40]

8. 球磨工業高校管理棟 (コンペ案) [p.50]

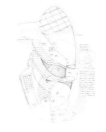

9. 日生劇場・階段
（ドローイング）[p.52]

10. 旧東京日仏学院・階段
（ドローイング）[p.56]

16. 三次市奥田元宗・小由女美術館（プロポーザル案）[p.66]

11. 宇城市立豊野幼・小中一貫校（プロポーザル案）[p.54]

17. 住宅・吹上の家（ドローイング）[p.68]

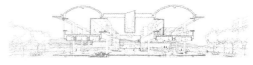

18. 福智町立図書館・歴史史料館（プロポーザル案）[p.86]

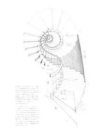

12. 熊本城
（ドローイング）[p.59]

13. 東京文化会館・階段
（ドローイング）[p.61]

19. 竹田市図書館（プロポーザル案）[p.70]

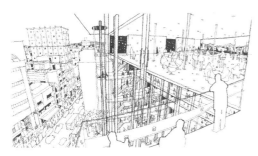

14. KOKUEIKAN PROJECT（コンペ案）[p.62]

20. 平和大橋歩道橋（コンペ案）[p.72]

15. 宇城市立豊野幼・小中一貫校（プロポーザル案）[p.64]

21. 都営バス構想2020（装画）[p.74]

22. 下通アーケード（コンペ案）[p.76]

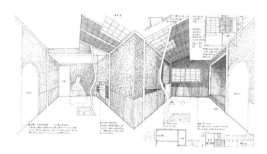

27. 大徳寺玉林院蓑庵（ドローイング）[p.90]

23. 前橋市美術館（コンペ案）[p.78]

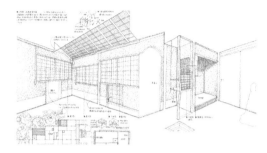

28. 南禅寺金地院八窓席（ドローイング）[p.92]

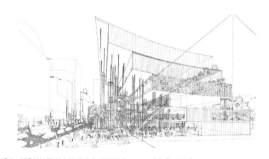

24. KOKUEIKAN PROJECT（コンペ案）[p.80]

29. 住宅・京町の家（ドローイング）[p.94]

30. 市原市水と彫刻の丘（プロポーザル案）[p.96]

25. グランパーク田町（ドローイング）[p.82]

31. 森のピロティ　　　　32. 軽井沢の山荘
（ドローイング）[p.98]　（ドローイング）[p.99]

26. 都営バス構想2020（装画）[p.88]

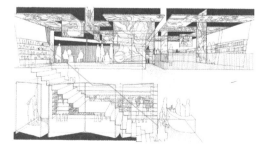

33. ぐんま総合情報センター（コンペ案）[p.100]

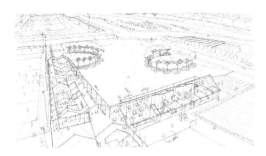

34.（仮称）熊本フットボールセンター（ドローイング）[p.102]

35. 竹田市図書館（プロポーザル案）[p.104]

36. 明石市立図書館（ドローイング）[p.106]

37. 天童木工家具デザイン（コンペ案）[p.108]

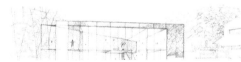

38. 住宅・西新の家（ドローイング）[p.110]

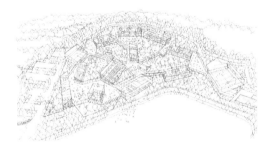

39. 和水町立菊水小・中学校（プロポーザル案）[p.112]

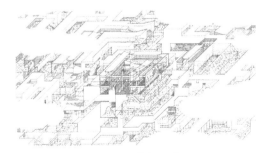

40. 無限揺動美術館（ドローイング）[p.114]

41. プレイスメイキング（装画）[p.116]

42. 早稲田大学63号館計画（ドローイング）[p.118]

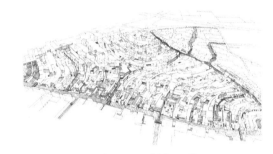

43. 上海朱家角計画（プロポーザル案）[p.120]

44. 熊本市・新町古町ビジョン（提案）[p.122]

45. 未来の九州五輪（ドローイング）[p.124]

図の基本	Type	BASICS OF PERSPECTIVE DRAWING
種類	どんな表現や図法があるかを知る	

① 第三角法

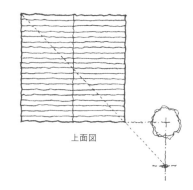

上面図

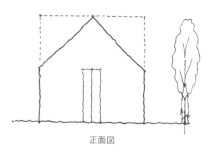

正面図

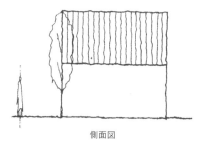

側面図

図を学ぶうえで、まず図とは何かを知らなければならない。ここで言う図とは「投影図」のことを指すが、簡単に言うとそれは「スクリーン（画面）に投影された姿」である（下図）。図化の目的は三次元の立体や空間を二次元化することなので、その姿をスクリーンという平面に映し込み、図像化する必要がある。ちなみに投影は投象（英語で言うと projection）と言うこともある。

ここでは主要な図法をひと通り紹介する。プレゼンテーションの"ねらい"に応じて最適なものを選択できるよう、目的に応じた図法の選び方を解説していこう。

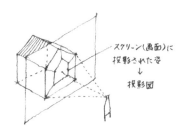

スクリーン（画面）に投影された姿
↓
投影図

投影方法は大きく2つ

図の種類は、スクリーンに投影する方法の違いによって大きく2分される。1つは奥行き線が平行である投影法であり、平行投影図法と呼ばれる。簡単に言うと、「パースのかかっていない図」のこと。平行投影法のなかにも、正投影と軸測投影、そして斜投影というバリエーションがある。もう1つは奥行き線が互いに平行でなく、消失点に収束する透視投影図法と呼ばれる。これは透視図つまりパースのことである。

最も一般的な投影図

これなくしては建築の設計は成り立たない、という最も一般的な表現は正投影図法の①第三角法である。平面図や立面図など建築設計図面が代表的だが、1つの立体を複数の投影図（上面図、正面図、側面図）で表現することから多面投象とも呼ばれる。

②等角投影図法（アイソメトリック図）

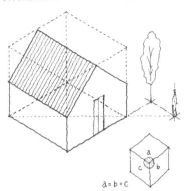

$a = b = C$

⑤ミリタリ投影図法

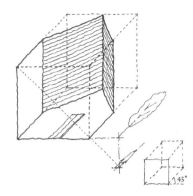

45°

③二等角投影図法（ダイメトリック図）

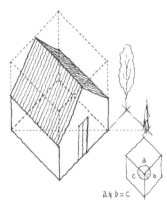

$a \neq b = C$

⑥カバリエ投影図法

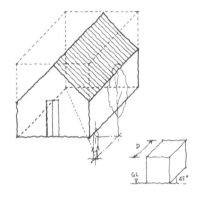

D
GL
45°

④不等角投影図法（トリメトリック図）

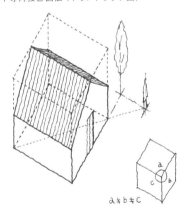

$a \neq b \neq C$

⑦キャビネット投影図法

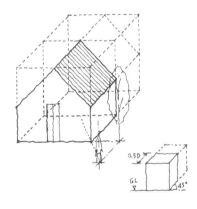

0.5D
GL
45°

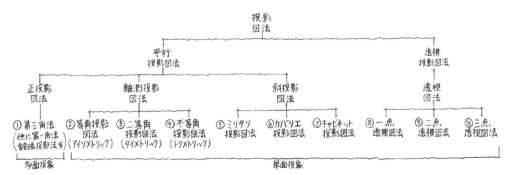

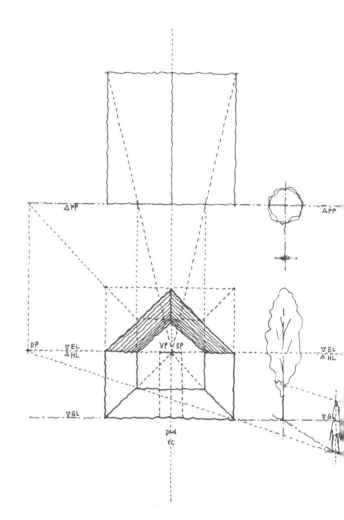

⑧一点透視図法

アイソメとアクソメの違い

平・立・断面と複数面で表現する多面投象に対し、1つの投影図で完結する図法を単面投象と呼ぶ。まずは、縦横高さ（XYZ軸）どの辺も実寸法で描く軸測投影図法。②等角投影図法（アイソメトリック図／以下、等角）、③二等角投影図法（ダイメトリック図／以下、二等角）、④不等角投影図法（トリメトリック図／以下、不等角）により構成される。等角はその名の通りXYZ3つの軸の角度が120度と等しいことから「アイソメ」と略され、よく使用される。軸の角度が2つ同じものが二等角、すべて異なるものが不等角であり、そのうち1つの角度が90度であるものを「アクソメ」と呼び、これもよく使う。

キャビネットはカバリエの補正

斜投影図法は平面図や立面図をベースにした、初心者でも描きやすい図法である。⑤ミリタリ投影図法、⑥カバリエ投影図法、⑦キャビネット投影図法の3通り。なかでも、斜めに伸ばす高さや奥行きで最もバランスをとりやすいのがキャビネット図だ。奥行き寸法を1/2とすることで、カバリエ図のような違和感を緩和している。「キャビネットはカバリエの補正形」と覚えよう。

パースの種類

最後に、建築パースを語るうえで最も重要な透視図法について。プレゼンテーションではその時々の目的に応じて、⑧一点透視図法、⑨二点透視図法、⑩三点透視図法を使い分ける。正対する空間の奥行きを描く一点透視図法は、主にインテリアパース（つまり内部空間）に用いられることが多い。2つの立面を同時に描ける二点透視図法は外観の描画に適している。もちろん、2方向の奥行きを出したい内観の描画にも使用できる。鳥瞰図や高層建築物など広域の表現であれば、高さ方向のスケールを強調できる三点透視図法を用いることが多い。

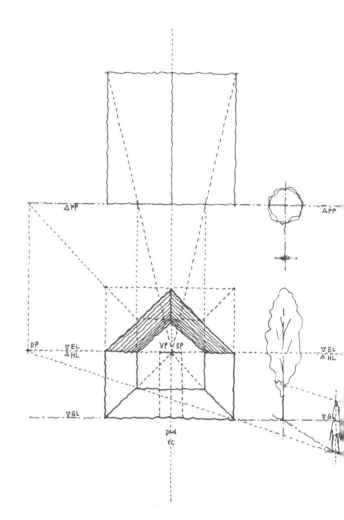

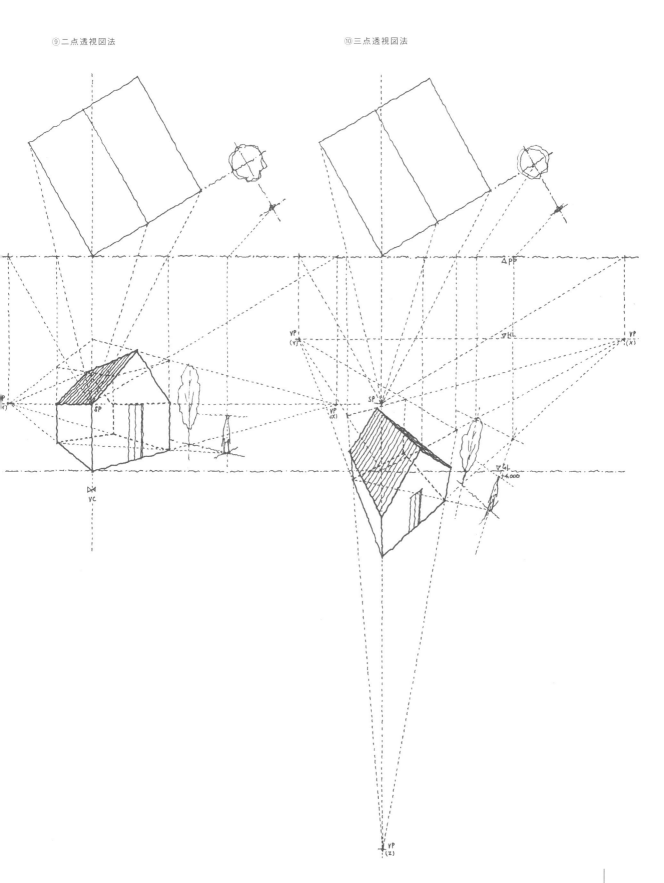

⑨二点透視図法　　　　　　　⑩三点透視図法

「しる」では主な図法の種類とその特徴をまとめた。次に「えらぶ」として、4つの目的に応じた図法の選び方についてそれぞれ解説する。

構成を伝えたい

　建築やランドスケープの全体構成を伝えたいのであれば、遠近法に基づく透視図より、平行投影による図法を選択した方が良い。アイソメを選択しても良いが、平面図をそのまま使用できるアクソメがおすすめである。
　図aでは二等角投影図法（ダイメトリック）を採用している。平面図をベースとしたアクソメは、「洛中洛外図」のように、遠近にかかわらず同じ大きさで描くことができる。空間構成や外部空間との関係を説明する建築図面としての役割も与えつつ、その場の雰囲気や使われ方を盛り込むのに有効だ。また、ワンシーンを強調せず多視点での観察を可能にするので、長い鑑賞に耐えるという効果もある。

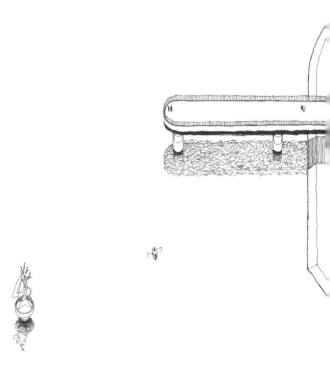

臨場感を出したい

　見る人に、まるでその中に身を置いているかのような感覚になってもらうことを目指すのであれば、やはり一点透視図法が良いだろう。
　図bは断面図をベースにした一点透視図である。画がこちらに迫ってくるような効果により、建築の計画案やイメージ図はより臨場感の高いものになる。
　作図も簡単で、断面図の主要な点から消失点に向かって奥行き線を引き、適当に奥行きを決めてあげるだけでざっと透視図ができてしまう。
　点景や周辺環境の描き込みを施せば、立派な断面パースができあがる。断面線を太線にし、効果的に着彩することで全体にメリハリが生まれてより見やすくなる。

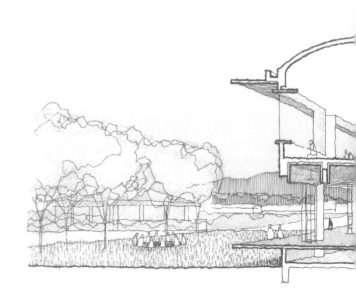

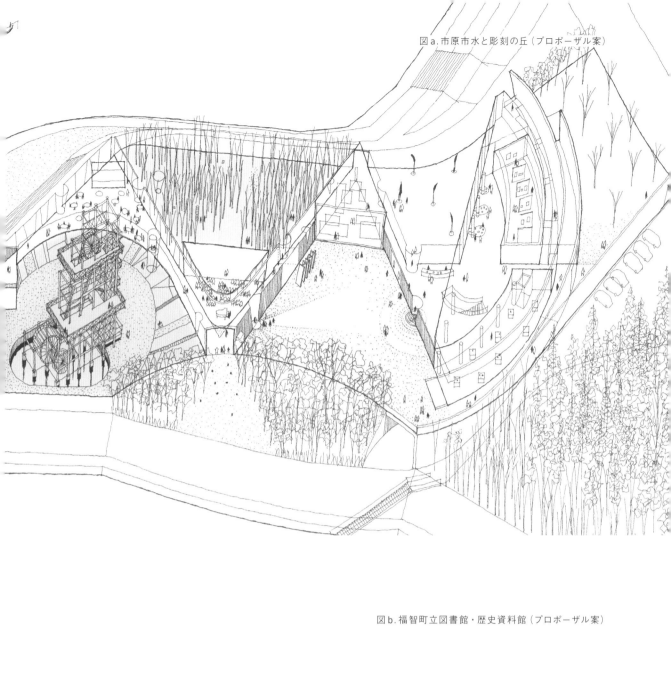

図a. 市原市水と彫刻の丘 (プロポーザル案)

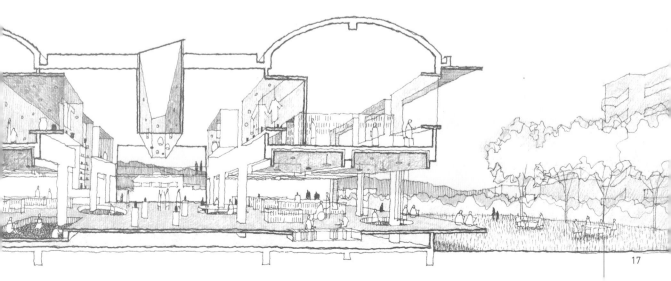

図b. 福智町立図書館・歴史資料館 (プロポーザル案)

佇まいを伝えたい

　建築が実際の都市空間や自然環境に建っている姿を表現し、その佇まいや周辺環境との関係を伝えたいのであれば、二点透視図が基本となる。

　二点透視図は、消失点の位置次第で建物の見え方を自在に操れるのが特徴だ。

　たとえば図cは、ほぼ一点透視図のようにも見えるが、少しだけ視線を斜めに振ったことにより2つの消失点が発生した二点透視図である。このわずかな振りにより、左側の消失点は遥か彼方の水平線上に位置することになる。すると、一点透視図では表現しづらい「駅舎の雄大な長さ」が強調される。

　また手前の建物群を透視することで、駅舎自体の存在感と、駅周辺全体の雰囲気を同時に伝えることができる。

構成を伝えつつ臨場感も出したい

　立体的な空間構成の理解を助け、まるでスケルトンのCGや模型を覗き込んでいるような感じを伝えるには、三点透視図法が適している。

　図dは三点透視図で描いた建物だ。壁や床を透明にすることで、添景により「内部空間を動きまわる人」や、構想した「多発的に起こる豊かなアクティビティ」が伝わりやすくなる。工夫点は、基準の断面をしっかり強調したこと。これにより、大枠の空間構成の理解も促すことができる。

　キョロキョロと目を動かしながら、自在に視点場を変えて全体を見回すVRやARのような体験を、手描きの静止画で実現しようとしている。

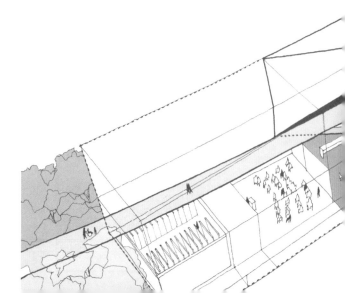

図c. 上洲富岡駅舎（コンペ案）

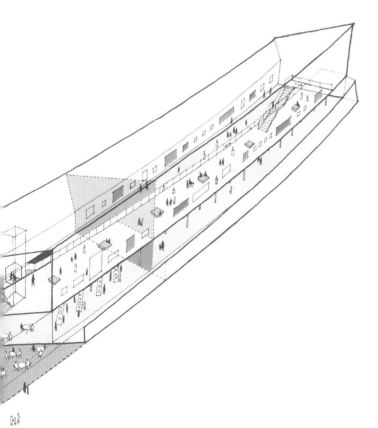

図d. 三次市奥田元宗・小由女美術館（プロポーザル案）

第2章 図を描く

では実際に図を描いてみよう。
ここでは［みおろす］として外観透視図を、［のぞく］として
内観透視図の描き方を紹介するが、構図・アングルの検討、
概形の描画、点景やハッチングの加筆、太線による強調、
そして調整し着彩、といったプロセスは共通である。
そのプロセスに沿って解説していく。

HYPER–ARCHITECTURAL PERSPECTIVE DRAWING
26 Hand-Drawing Techniques for Manipulating Spatial Shapes

まずは外観透視図から。一言で外観透視図と言っても大きく2つのタイプがあり、アイレベルから見るものと、鳥瞰図のように見下ろしたものに大別される。それらは視点の高さによる違いと言ってよい。

ここでは鳥瞰図のように見下ろした外観透視図の描き方を解説する。

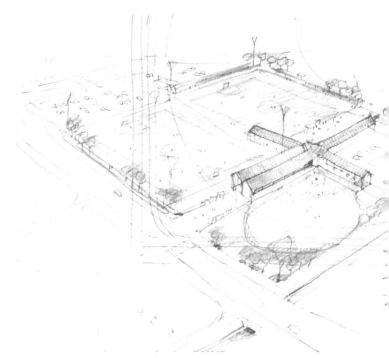

プロジェクトの最初の段階に描いたスケッチ。
敷地を田の字状に4分割し、その間をつなぐ"あぜ道"型建築のイメージ。

何を伝えたいのか

「この透視図では何を伝えたいのか」をよく考え、アングルと構図を検討する。アングルとは視点と対象物の位置関係のことであり、構図とはそれらが投影される姿とスクリーン（画面）との関係のことである。要するに模型を見下ろして、ベストな視点に身を置き、それを「」状の指フレームで切り取る仕草と同じことである。

ラフスケッチで複数案を検討する

ここではまず敷地全体の構成に加え、さらに施設内の機能・構成や雰囲気まで伝えることをねらっている。そのため検討段階では、アングルと構図のラフなスケッチ案を何枚か描いて検討している。ちなみにアングルの決め手となったのは、敷地を大きく田の字状に分割した構成がよく伝わること、それによって生まれた十文字の"あぜ道"型建築が4つのフィールドをつなぐ存在になっていること、である。

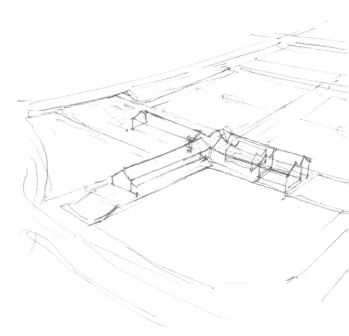

広場を手前に、サッカーフィールドを奥に望むアングルの試作。
田の字状の全体構成が伝わりづらいので別アングルを検討することに。

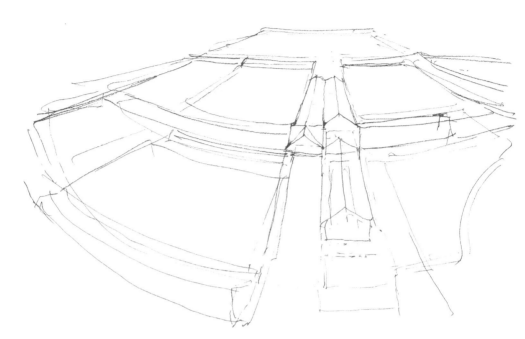

田の字状の敷地構成を横から見渡したアングルの検討。
二連屋根下の空間が描きにくいこと、奥行き線を曲げすぎると不自然に見えることがわかり却下。

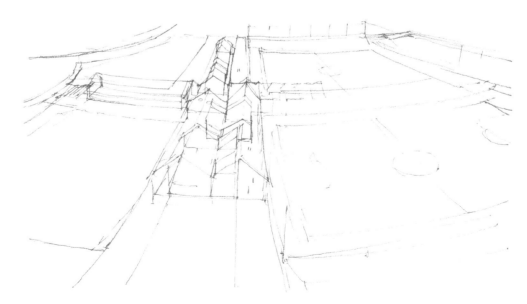

二連屋根の方から望む視点からの検討。
概ねイメージに近いが、視点が低いことにより屋根下に透視する空間がごちゃごちゃする。
もう少し視点を上げるべきと判断し、次ページの構図に決定。

図法を"意識"しながら概形を描く

アングルと構図が決まったら、主要な線のみの下図（敷地の概形、建物の骨格など）を鉛筆で描く。透視図法の基本的な作図法を学ぶことは大切だが、詳しい解説はほかの書籍に譲ることにしたい。ちなみに本書の収録例はすべて、水平線と消失点を意識しつつも「何となく」描いたスケッチがベースとなっている。

もちろん筆者もかつて住宅からビル、そして都市の鳥瞰図まで、多様なスケールを描き表わす基本図法を修得した。だが型を体得したあとは、図法に縛られ過ぎずに描くほうが、自由でのびのびとしたパースになることが多いと悟った。

点景も入れつつ
バランスやスケールの確認

おおよその概形線が描けたら、図面と見比べながらプロポーションやバランスを調整する。この際に引いて見たり、逆さまから見たりしてチェックをすることをおすすめする。あるいはスキャンしてPCに取り込み、画面上で同様の確認をしても良い。

また一般的には最後に描き加える点景をこの段階で少し描いてみるのも、大事にしているポイントだ。人や樹木などと建物のスケールを逐一比較しながら、ふさわしい賑わいの規模を同時進行で確認する。そのほうが、結果的に空間のボリュームを見失わずに済む。教科書的な順序を無視し、気分転換も兼ねてこの方法を試してみてほしい。

建物の輪郭や敷地の概形を描きつつ、
人や車などの点景や周辺の田畑を描き始めるなど、楽しみながら描きたい。

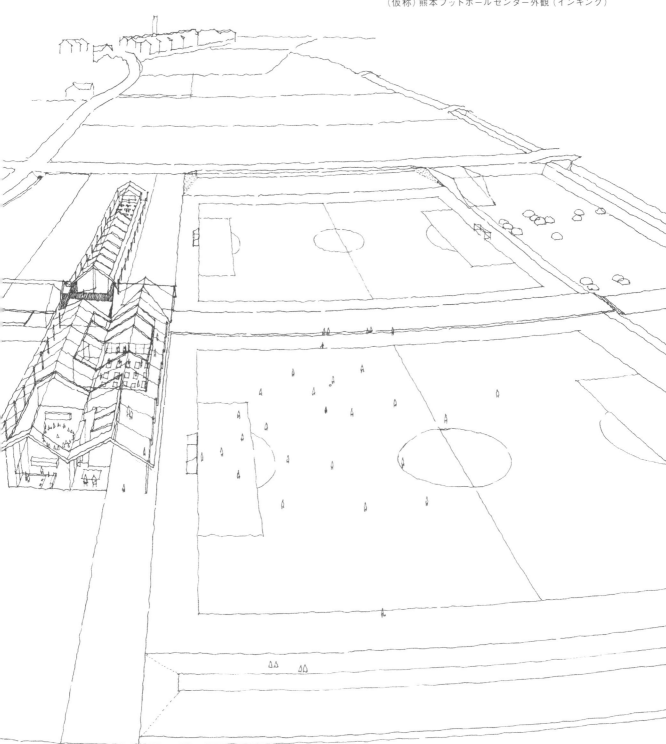

描くものの優先度を決めて
適当に止める

点景も少しずつ加えながら概形線が仕上がりつつあるこの段階。欠かせないのは、込み入ってくる線の量のコントロールである。まず、建物の内部を描き進めるためには、屋根を透かす必要がある。そのまま描くと、屋根の構造体フレームとその奥の壁や柱の線が複雑に交錯してしまう。存在するものすべてを描こうとすると、線が多すぎて訳がわからなくなり、当然みる人にも伝わらないので注意が必要である。

描くべきものを優先し、適当なところで描画を止める勇気を持とう。たとえばこのパースで最も伝えたい大事な情報は二つ。大屋根の一体感と、その下に散在する小屋と路地空間の構成である。それ以外の要素（屋根構造や窓など）は極力省略するのが得策だ。

着彩のエスキスもこの段階で

この後、太線の加筆や着彩を行う前に、この段階で着彩のエスキス（試し塗りによる検討）を行っておいた方が良い。ここでは鉛筆で屋根下の路地空間をグレーで試し塗りし、小屋の存在感と路地空間の雰囲気の両立、さらには大屋根の構成がわかるかも含めて確認している。場合によっては屋根の構造材の省略や加筆を検討しても良い。

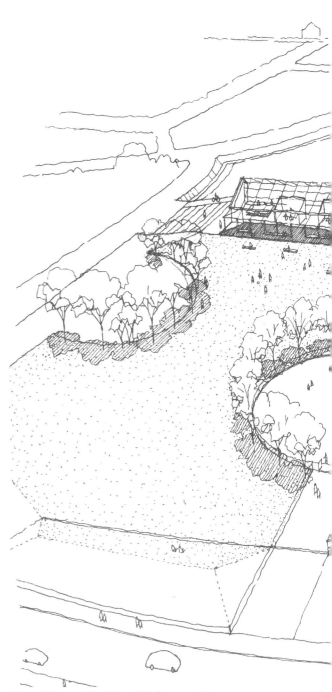

細部の描き込みの合間に芝生の点描を敷いてみるなど、
徐々に全体を仕上げていくイメージを持つと良い。

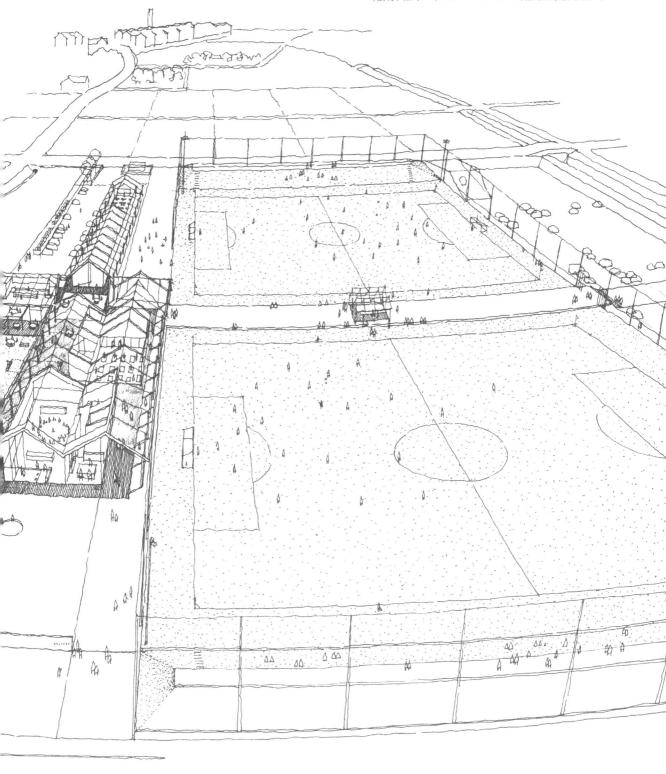

太線を効果的に

　細線による描画ができあがったら、太線を用いて線にメリハリを与える。外形の輪郭線や、地面との接地線などを太くすると良い。ここでは一体的な大屋根の輪郭と、屋根下の小屋ボリュームの輪郭を太線で囲んでいるが、太線が近接したり交差したりする部分では一部省略している。近接や交差による必要以上の誘目を避けるためである。

　またグラウンドを分割するコンクリートの通路、マウンドの観覧席、掘り込まれた駐車場の立体感を出すために、接地線を太線で強調している。太線の量と配置は全体のバランスを見ながら調整する。

最低限の着彩

　最後は色入れである。基本的な手順としては、手描き原稿をスキャナで読み込み、フォトショップなどの画像編集ソフトで調整をかけている。まず、余白のノイズを消す。濃紺のメイン線は見やすさを考慮して色を微調整する。塗りの色を重ねていくが、いくつかの色は「乗算」で重ねるとなじみやすいので試してみてほしい。筆者は植栽の「緑」と空や水の「青」、木質系仕上げの「茶色」を加えることが多いが、個人の判断で好きな色を塗ろう。

　大きな面を単一の色で着色すると単調になる恐れがあるので、グラデーションをかけたり、同じ緑面でも少しずつ色相や彩度を変えるなど、変化を与えると良い。また樹木は輪郭から"あえて"少しずらしながらラフに色をのせると、いきいきとした印象を与えることもできるのでお試しあれ。

フィールド、広場、土手の緑には、
実は色彩とグラデーションに微妙な差が施されている。
このような多様性はパースに奥行きを与える。

次は内観透視図について。内観透視図には一点透視図が用いられることが多いと述べたが（p.14）、時には二点透視図を用いることもあり、吹き抜け空間などの表現には三点透視図を使うこともある。

特にどの図法を使わねばならないといった規則やルールはないので"伝えたい感じ"をイメージし、それに見合った描画法を選択しよう。

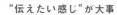

"伝えたい感じ"が大事

基本的には外観透視図と描くプロセスは同じなので、極力重複を避けながら解説する。ここでの"伝えたい感じ"とは、p.36の最終形でわかるように、十字形に広がる大屋根の下で多様な小屋が点在し、それによって生まれる多彩な余白や路地がグラウンドや広場と一体的に使われている感じである。それを最も良く伝えるアングルと構図を検討する。

アングルと構図の発見

その空間を最もよく伝えることができるアングルと構図を発見する意識をもとう。スタディスケッチでの検討により、大屋根の下に身を置くよりも、少しずれた位置からの方が"十字感"を感じやすいことがわかった。そこから魚眼レンズのように広角で見渡すアングルを選択した。構図は天窓のある広場を中心とせず、少し左に置く配置としている。右のカフェなどへのつながりや、十字状に放射する空間の伸びやかさを感じさせるためである。

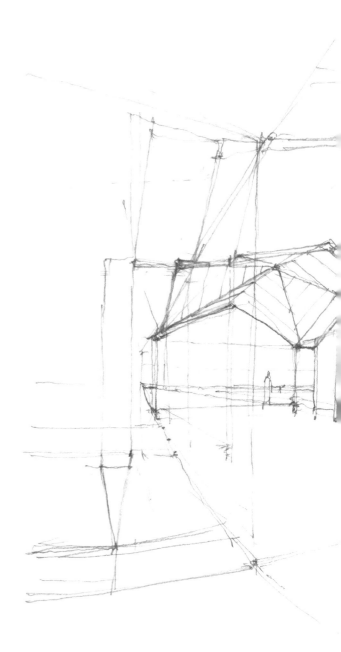

この段階では垂直線が少し曲がっても、
奥行き線が消失点からずれても気にしない。
イメージを優先して一気に全体の骨格線を描いてしまう。

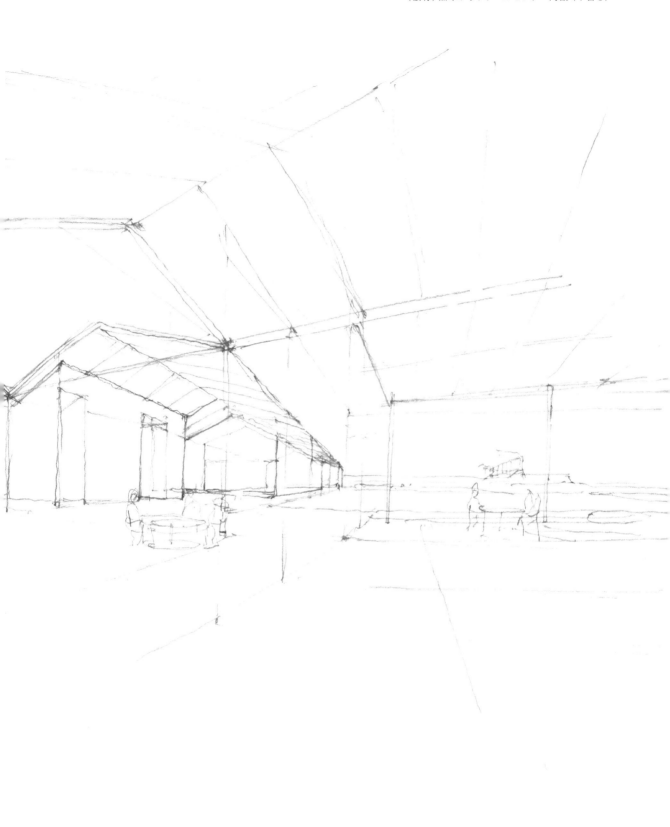

水平・垂直線と消失点は
後付けでもよい！

　ラフスケッチの段階では、水平線や垂直線をあまり意識せず何となく気軽に描く、と述べたものの、この段階では改めて水平線を引き、奥行き線がおおよそ集まる消失点を探し、プロットする。さらに主要な線に合わせて垂直線を定規で数本引く。とすると当然ズレや歪みがあることがわかる。

いい加減と言いつつも

　そこで定規の線にあわせてラフスケッチの線を補正し、主要な輪郭線をインキングしていく。この作業は極めて重要である。"いい加減に描く"と言っても、基本的な水平線や垂直線が歪んでいたり、奥行き線が大きく消失点から外れていたりすると見ていて不快感や違和感が伴うので、この段階でしっかりと補正しよう。

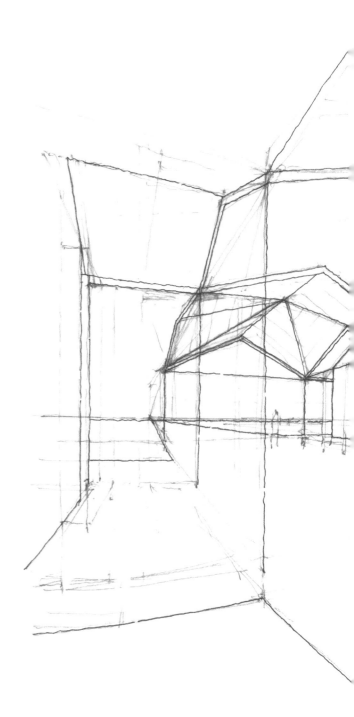

実はこの段階で水平線を引き、
右の消失点を補正している（p.30のパースと比較されたい）。
それに伴い屋根や壁の形も修正しているが、このような後修正もアリである。

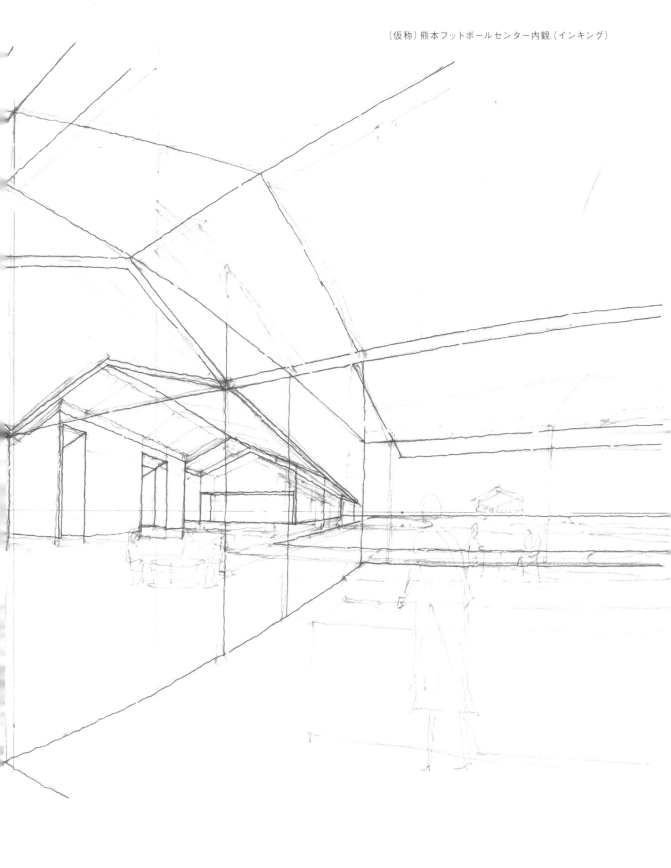

線が重なっても臆することなかれ

　外観透視図と同様に、この段階で点景や周辺環境も下書きレベルで描き込み、スケール感や全体の雰囲気のバランスを見ながら描き進める。

　水平、垂直、スケール感などが確認できたら、一気にインキング描画を進めよう。建物の柱や壁が、点景の人や家具、背景の緑と重なってもお構いなし。後ほど着彩の段階で調節できるので、臆することなく線を重ねて賑やかな雰囲気にしたい。芝生のハッチングや壁にプロジェクションされた映像などを加えることで、よりいきいきとした臨場感を演出できる。

大まかな影の作図

　大屋根による日陰と、天窓による陽光のコントラストを強く伝えたいと考えていたこのパースでは、この段階で日陰線を作成している。これも正確な作図ではなく、だいたいの季節と時間を設定し、想定した太陽の位置から発生する影を感覚的に描画している。

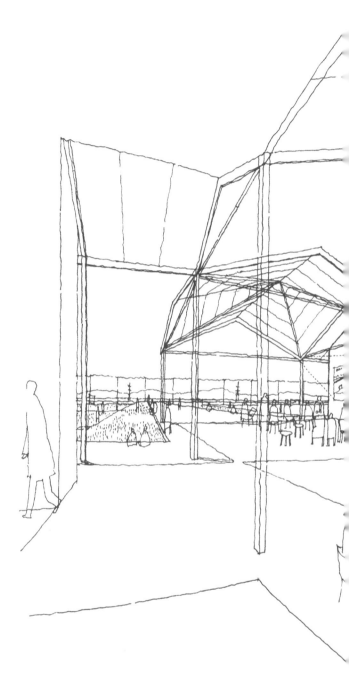

天井目地に粗密を与えたり、
天窓周りの幕板の厚みを二重線で連続的に描いたりすることで、
伝えたい大屋根のかたちを強調している。

パースは結果がすべて

　実は、描きながら保留にしていた懸案がある。縦方向の縮尺（スケール）が少し大きいことだ。わかっていて修正しなかったのは、PC上で修正したほうが早いからである。原図をスキャンしてPCに取り込んだあと、画像編集ソフト（フォトショップ）で、着彩の前に高さ方向を90％縮小して、縮尺を調整している。p.34のパースと見比べるとよくわかる。

　このように大胆な事後調整は、すべて手描きで仕上げるパースなら不可能だが、PCで仕上げるパースなら十分にアリな手順である。プレゼンテーションは結果がすべて。もちろんパースも結果がすべて。そこに辿り着くプロセスは自由で効率的なほうが良い。

それぞれが浮かび上がる着彩

　ここでも着彩は植物の「緑」と空の「青」、木質素材の「茶色」そして陰影の「グレー」のみである。点景は、インキングの段階で重なっていた情報がそれぞれ浮かび上がるように、着色を丁寧に行う。たとえば、右の立ち姿の女性にはカウンターや物販のテーブル、外構の芝生や樹木が一部重なっているが、それらの境界が浮かび上がるようにグラデーションや明度を調整している。

　着彩は、要素ごとに認識される情報をコントロールする手段と捉えよう。入り口の引き戸建具も同様である。手描きパースの技術だけでなく、画像編集ソフトを使いこなす技術が必要になるが、基本操作（レイヤー分けし、濃度や透明度の調整）の繰り返しなので、経験すればする程、上達するだろう。

遠くに望む山並みの連続や青い空の広がりを描くことで、
大屋根と点在する小屋による建物の全体構成が浮かび上がる（17[のぞむ]参照）。

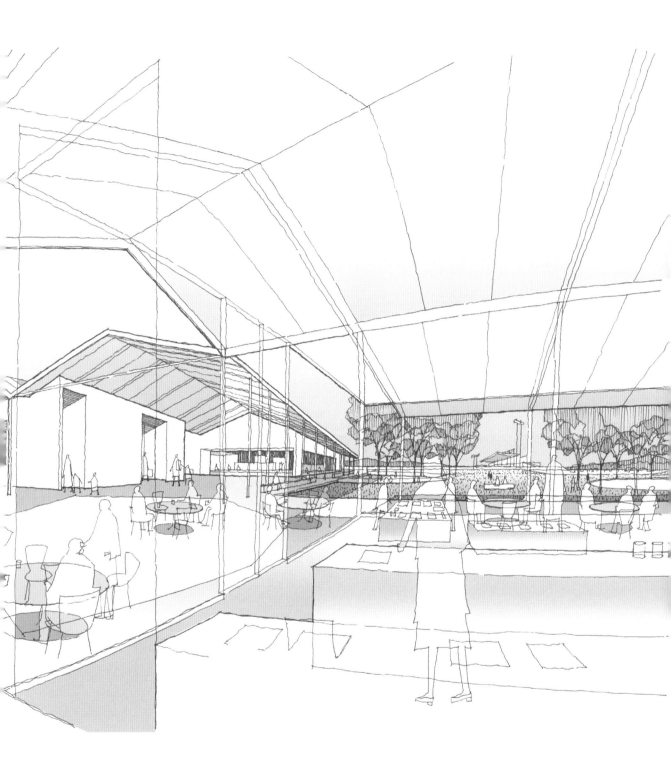

第3章 図の極意

図の基本的な描き方がわかったところで、
ここからは図の極意として超建築パースの「ツボ」について解説していく。
パースの進め方は大きく構図、骨格、描画そして仕上という4段階に分かれるが、
構図では［かまえる］［むくらせる］、骨格では［たたずむ］［ふくらます］［こちょうする］
［ねじふせる］、描画では［すかす］［はぶく］、そして仕上では［そえる］［まとう］
［いろどる］として、各プロセスにおけるツボを作品と共に紹介していこう。

HYPER–ARCHITECTURAL PERSPECTIVE DRAWING
26 Hand-Drawing Techniques for Manipulating Spatial Shapes

04 [みおろす] で触れた、アングルと構図の違い (p.22) を思い出してほしい。構図とは文字どおり図の構えであり、スクリーン (画面) と図による構成のことを指す。写真などの三分割法*が有名であるが、構図の良し悪しは画面のフレームと被写体の関係で決まる。ここではスクリーンに対する構え方として正対と斜視の2通りについて考える。正対とは画面に対して正面に向かうことであり、斜視は斜めに向かうことである。

重畳する風景

長野県 [新茅野市民会館建設及び周辺整備設計プロポーザル] におけるメインパースである。まず右下の構図検討用に描いた下書きと、上の完成パースを見比べてもらいたい。当初は斜視でのアングルと構図を検討していたが、最終的には上の正対の構図に変更している。

斜視の構図は、跨線橋と接続する長さ120mのスロープを経て、ホールや美術館につながる全体構成、スロープの道中にある図書館や練習スタジオ、展示など多様な使われ方を伝えることが目的であった。しかし斜視の場合、どうしてもスロープの "長さ" が必要以上に際立ってしまう。そこで正対の構図に変えてみる。しかも「望遠レンズで奥行きを絞った」ようなイメージである。奥行きを圧縮し、道中の多様な場所や使われ方が "重畳" している構図で、賑わいの連鎖を表現した。

*三分割法：画面を縦横均等に三分割し、線の交差した4つの点に被写体を配置すると、バランスの良い構図が作成できるという方法。

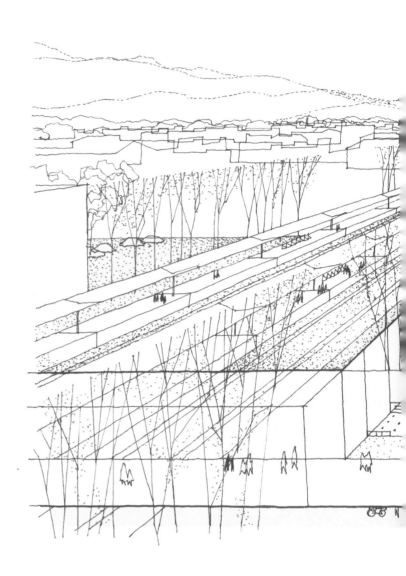

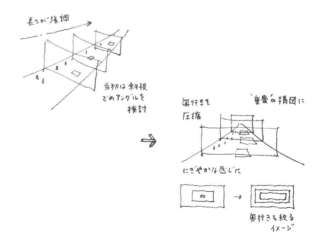

長さが強調

当初は斜視でのアングルを検討

奥行きを圧縮　　"重畳" の構図に

にぎやかな感じに

奥行きを絞るイメージ

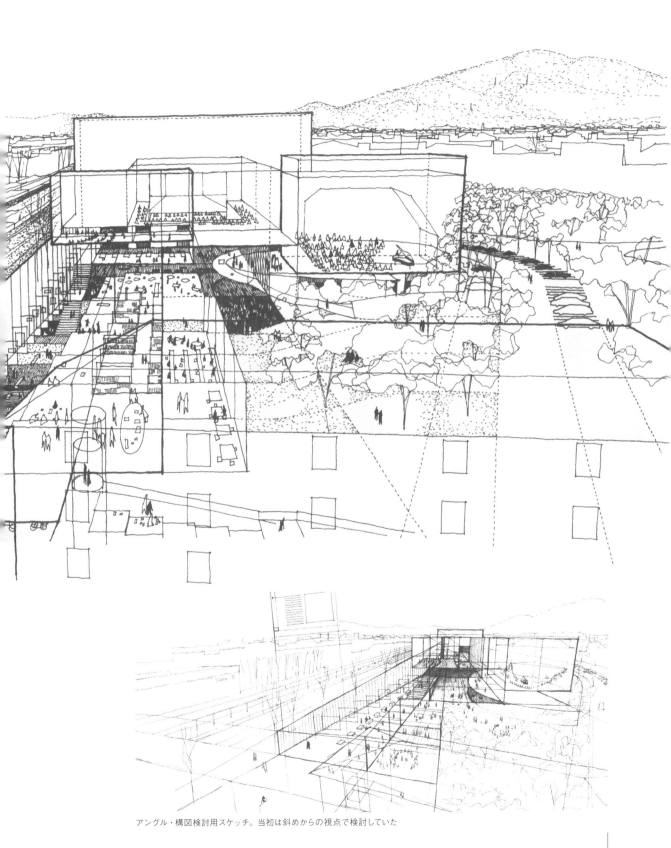

アングル・構図検討用スケッチ。当初は斜めからの視点で検討していた

視線を誘導する

栃木県［那須塩原市・(仮称)駅前図書館等基本設計・実施設計業務委託公募プロポーザル］のために描いたパースである。ここでは施設の内容はもとより、黒磯駅と隣接する施設の敷地が、駅舎および駅前広場とどのような関係を取り結ぶかも重要な提案であった。

正対した鳥瞰の一点透視図が通常の選択であるところ、このパースでは視線を少し駅の方に向け、わずかに斜視の構図をとっている。それにより、施設全体は概ね一点透視図による明快な空間構成を示すことができると同時に、パース全体としては、左の駅方向に視線を誘導することで、周辺環境とのつながりを示すことも可能にしている。またこのわずかな斜視は、正対による硬い構図ではつくれない、伸びやかな印象や周辺への連続性を演出する効果もある。

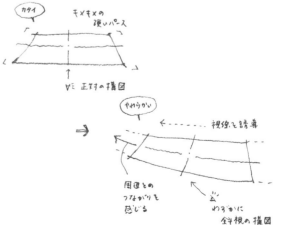

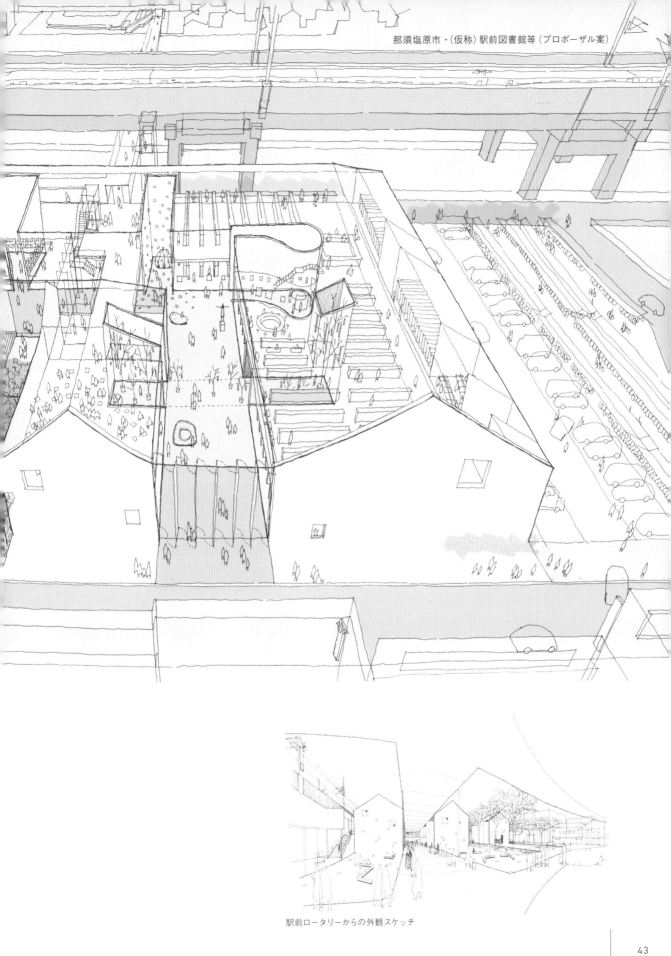

駅前ロータリーからの外観スケッチ

07 | むくらせる

構図をつくるうえで、スクリーン自体を魚眼レンズのように歪ませるツボを紹介する。

魚眼レンズで撮影された写真を見ると、まるで「そこに居る」かのように対象物にせまっているような感覚をおぼえる。

「むくらせる」パースも、対象物や空間に伸びやかさや柔らかさを与えることで、意識を引き寄せ没入させる効果を期待したものである。

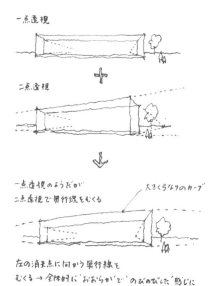

おおらかさと伸びやかさ

群馬県の[上州富岡駅舎設計提案競技]に応募した提案書のメインパースである。那須塩原市の駅前図書館等(p.42)のように、駅舎本体は一点透視図で描こうとしているが、ここではあえて、左の赤煉瓦倉庫と広場の方に視線を少し振ることで、遥か遠方に左の消失点が生まれ、二点透視図となっている。

その消失点に向けた奥行き線が大きな弓なりのカーブを描いていることに注目してほしい。直線で描くことに比べて、駅舎と周辺施設の一体感が演出できると共に、駅舎全体の長さに"おおらかさ"や"伸びやかさ"を与えることがねらいである。

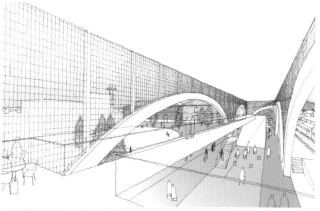

二点透視図を用いた内観パース

HYPER-ARCHITECTURAL PERSPECTIVE DRAWING　26 Hand-Drawing Techniques for Manipulating Spatial Shapes

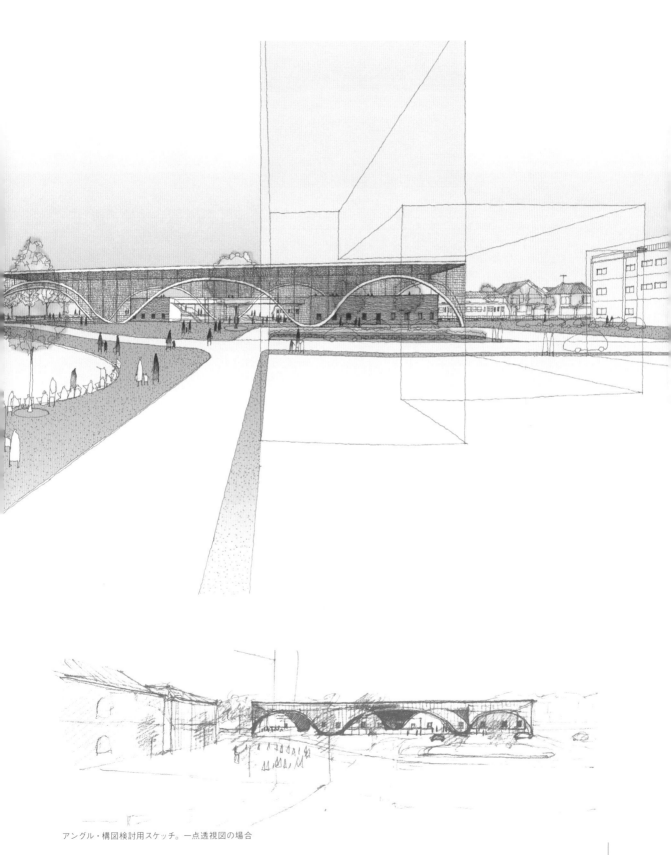

アングル・構図検討用スケッチ。一点透視図の場合

正対の構図 → 堂々とした構え

上から
のぞきこむ感じに

さらに地面を凸レンズのように"むくる"
→のぞき込む感覚と近接感

のぞき込む感覚と近接感

　福岡市［アイランドシティ環境配慮指針］のために描いたパースである。まずこの長方形に近い島の概形に着目してほしい。斜めからの視線ではなく正対の構図をとることで、主役である島の堂々とした構えを意識した。次に人工島のゆったりとした大きさを感じさせるため、地面を凸レンズのように"むくって"見せ、被写体全体を歪ませている。

　平板な大地に比べ、まるで広い街区全体を覗き込んでいるような感覚が得られる。環境に配慮した多様な都市環境イメージの隅々まで見てほしい、という願いから被写体と視点の近接感を高める演出を施した。

構図に続いて、次は被写体である建築
や空間自体の「骨格」について考える。
まずは基本的な二点透視図や三点透
視図を用いて、一般的な外観をベース
としたパースから紹介しよう。

シンプルな骨格を引き立たせる

　群馬県［中里村新庁舎（現 神流町中里合同庁舎）設計プロポーザ
ル］のメインパースである。見ておわかりのように、この計画案は大
きな4階建ての門型庁舎である。背後の山とまちをつなぐ、3層分の
高さをもつ吹き抜け空間が特徴的。その構成や吹き抜けの使われ方、
雰囲気を明快に伝えるため、少し斜視の構図をとりながらの二点透
視図を採用した。

　なによりもまず形態の特徴を強く印象づけたいときは、シンプルな
図法を使うに限る。後のツボで登場するが、太線の縁取りと背景の
山のハッチング、周囲の街並みや人々の点景がシンプルな骨格を引き
立たせている。

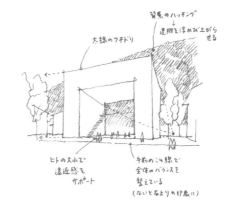

背景のハッチング
建物を浮かび上がらせる

太線のフチドリ

ヒトの大小で
遠近感を
サポート

手前のこ～線で
全体のバランスを
整えている
（ないと右よりの印象に）

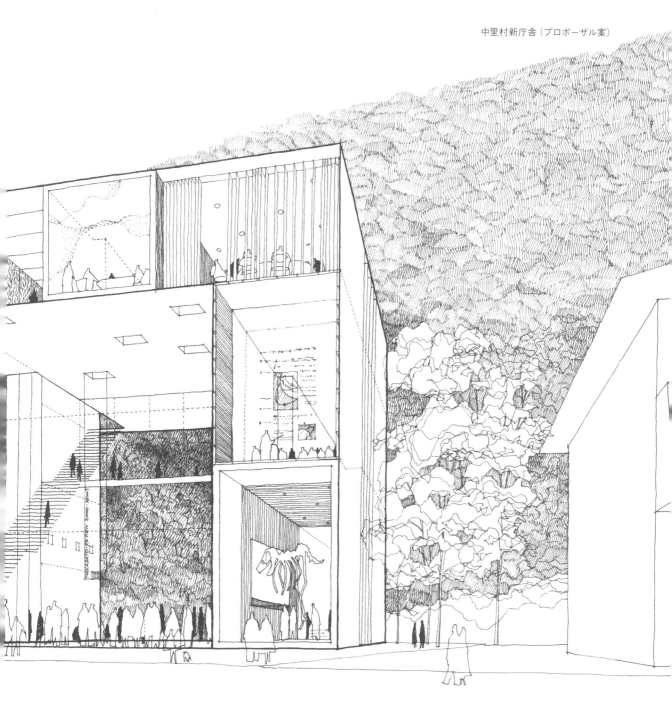

当初メインパース用に準備していたCGパース。提出直前に手描きに変更となった

単純な箱に情報を重ねる

　[くまもとアートポリス設計競技2010
「熊本県立球磨工業高校管理棟改築設
計競技」]のメインパースである。このコ
ンペでは既存の校舎群をつなぐ管理棟を、
できるだけ木造の利点を生かした建築と
して提案することが求められた。提案で
はまず、キャンパス全体との関係がわか
るよう、俯瞰のアングルと構図を選択した。
　緩やかな三点透視図で、提案の特徴
であるエントランスのゲート性と、周辺
の校舎とをつなぐ接続性・回遊性を一瞥
して理解できることをねらった。単純な
直方体状の箱である骨格に、太線によ
る主要な輪郭の強調、要所要所透明化
を施すことで、多様な情報を重ねている。

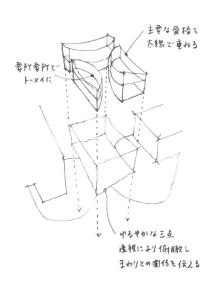

図書室の内観パース

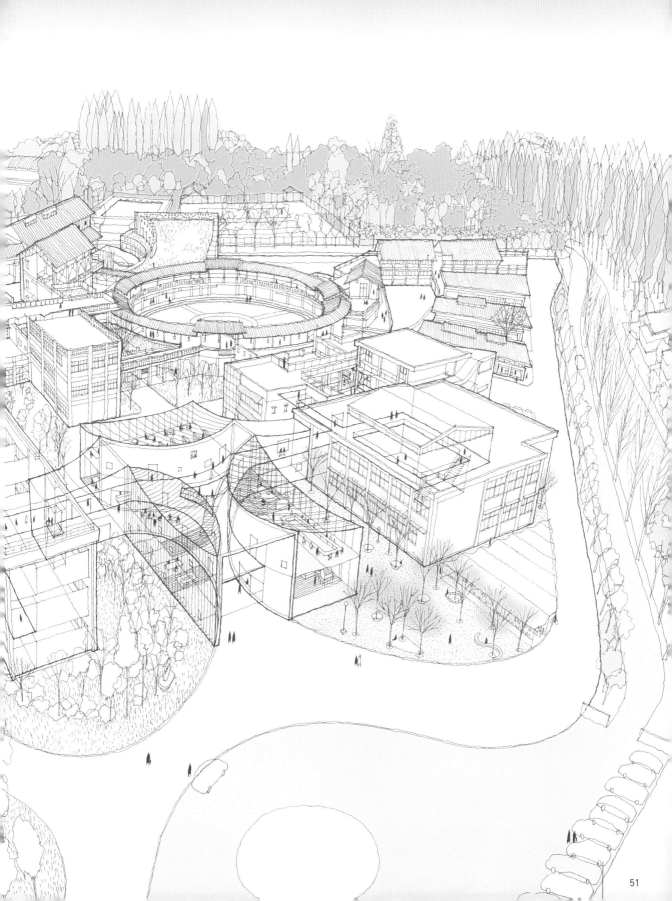

図の極意	Framework｜ESSENCE OF PERSPECTIVE DRAWING
骨格	体験のクライマックスを肥大化させる

超建築パースにおける真骨頂の1つが、透視図のルールに縛られず、表現の意図に応じて自由に骨格を変形できることにある。
ここでは空間体験のクライマックスを肥大化させるツボとして紹介したい。

フツウに描くとおそらく
こんな感じ。円筒形をベースに

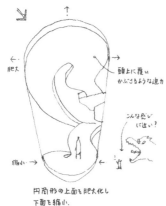

肥大

頭上に覆い
かぶさるような迫力

こんな感じ
にはい？

縮小

円筒形の上面を肥大化し
下面を縮小.

覆いかぶさる白いうねり

　村野藤吾設計［日生劇場］の階段空間をドローイングした作品である。この階段は特に階段の裏側、いわゆる段裏が美しく、昇降の際に頭上に覆いかぶさるように感じられるこの大きな白いうねりを強調するため、あえて肥大化させて描いている。二点透視図をベースにしながらも上部が膨らみ、見上げにもかかわらず見下ろした三点透視図のような、不思議な構図をなしている。
　また、階段だけでなく周囲の壁や床との関係を描き込むことで、階段を包む一体の空間である「階段空間」として表現し、実際の空間体験に近い臨場感を与えようと試みている。

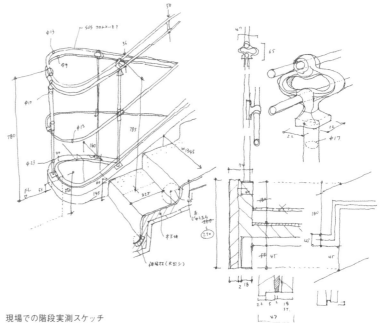

現場での階段実測スケッチ

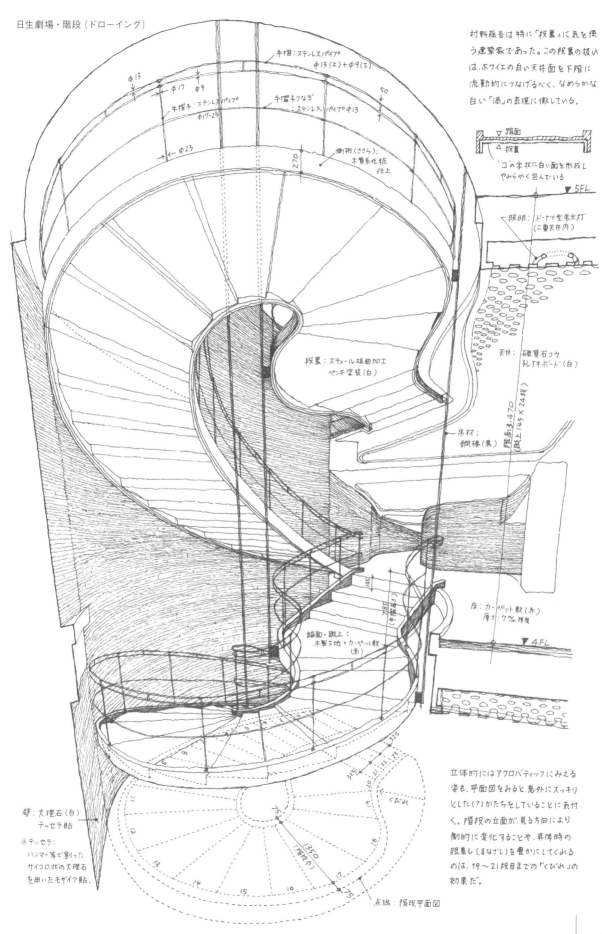

村野藤吾は特に「段裏」に気を使う建築家であった。この段裏の扱いは、ホワイエの白い天井面を下階に流動的につなげるべく、なめらかな白い「渦」の表現に倣っている。

手摺：ステンレスパイプ φ13（上）+φ9（下）
手摺：ステンレスパイプ φ17~23
手摺子つなぎ：ステンレスパイプφ13
φ13　φ17　φ9　φ23　50　270
側桁（ささら）：木質系化粧仕上
段裏：スティール板曲加工ペンキ塗装（白）
吊材：鋼棒（黒）
階高3,470（蹴上145×24段）
踏面・蹴上：木製下地＋カーペット敷（赤）
145　785（手摺高さ）
壁：大理石（白）テッセラ貼
※テッセラ：ハンマー等で割ったサイコロ状の大理石を用いたモザイク貼.

踏面　段裏
コの字状に白い面を形成しやわらかく包んでいる
▽5FL
照明：ドーナツ型蛍光灯（二重天井内）
天井：硬質石コウ孔了キボード（白）
床：カーペット敷（赤）厚さ：7mm程度
▽4FL

1350（階段巾）
75　8　325　13　14　15　16　17　19　くびれ
点線：階段平面図

立体的にはアクロバティックにみえる姿も、平面図をみると、意外にスッキリとした（?）かたちをしていることに気付く。階段の立面が見る方向により劇的に変化することや、昇降時の眼差し（まなざし）を豊かにしてくれるのは、19～21段目までの「くびれ」の効果だ。

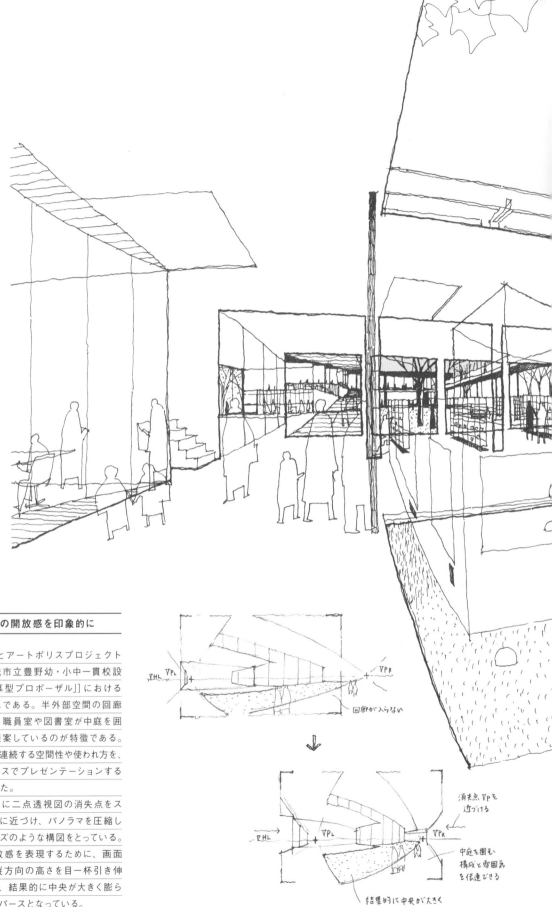

中庭の開放感を印象的に

　[くまもとアートポリスプロジェクト
2008「宇城市立豊野幼・小中一貫校設
計業務公募型プロポーザル」]における
内観パースである。半外部空間の回廊
や昇降口、職員室や図書室が中庭を囲
む構成を提案しているのが特徴である。
この内外が連続する空間性や使われ方を、
的確なパースでプレゼンテーションする
必要があった。

　そのために二点透視図の消失点をス
クリーン内に近づけ、パノラマを圧縮し
た魚眼レンズのような構図をとっている。
中庭の開放感を表現するために、画面
中央での縦方向の高さを目一杯引き伸
ばすことで、結果的に中央が大きく膨ら
んだようなパースとなっている。

PHL　VPL　VPR

回廊が入らない

消失点 VPを
近づける

PHL　VPL　VPR

中庭を囲む
構成と雰囲気
を伝達できる

結果的に中央が大きく
膨らんだようなパースに

宇城市立豊野幼・小中一貫校（プロポーザル案）

内観スケッチパース2種

10 | こちょうする

図の極意	Framework｜ESSENCE OF PERSPECTIVE DRAWING
骨格	わざと図法を誤用して見どころを強調する

超建築パースの真骨頂2つめ。わざと図法や作法を「誤用」することで、伝えたいものを強調する、透視図のタブーとも言える手法。

あまり誇張し過ぎると伝達性よりも違和感が増してくるので注意が必要である。

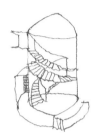

フツウに描くとおそらく
こんな感じ。おむすび型の筒。

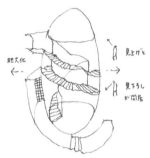

肥大化 ←

見上げと
見下ろしが同居

中央部を肥大化させることで
階段に接近した感じに。
さらに見上げと見下げが同居し
多視点で計画。

階段への距離感を近づける

坂倉準三設計[旧東京日仏学院（現アンスティチュ・フランセ東京）]の階段塔は、おむすび型の平面がシリンダー状に立ち上がり、その中で表階段（主人・客人用）と裏階段（サービス用）が絡み合いながら巻き上がるという複雑な空間構成をなしている。

その特異な構造をわかりやすく伝えるため、中央部をあえて肥大化させ誇張すれば、空間構成の理解を助けるのではないかと考えた。階段の中腹部が眼前に迫り、実際に階段に近づいたような気えさする。下部では見下ろした感覚を、上部に目を移すと見上げた感覚に陥るという点でも実空間での経験に近く、効果的だ。

HYPER-ARCHITECTURAL PERSPECTIVE DRAWING 26 Hand-Drawing Techniques for Manipulating Spatial Shapes

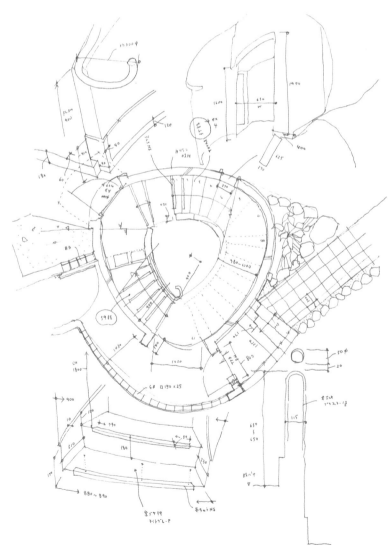

現場での階段実測スケッチ

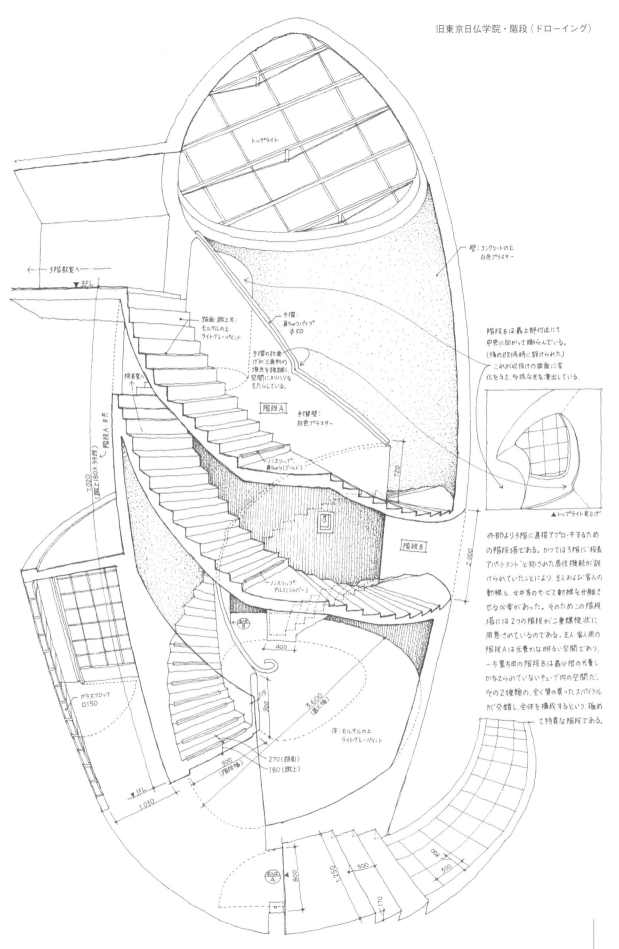

断絶と包囲を直感的に

　プロのカメラマンなどが［熊本城］を
撮り収める定番の構図は、石垣の足元
から見上げる壮大なアングルか、空中か
ら天守を見下ろし茶臼山との関係を伝え
るものだろう。しかしこのパースでは、
天守と石垣をあえて"たまご"のように据
え、中央を肥大化させた構図にした。さ
らに、天守と石垣の間に実際には存在
しない水平のスリットを設けている。
　「武者返し」を強調した表現であるこの
スリットは、天守と石垣のズレがもたら
す城の高い防御性を直感的に理解して
もらうための誇張だ。さらにあえて中央
部を断絶させることで周辺を取り巻く豊
かな緑の包囲性も際立たせていて、一
石二鳥の効果を生み出している。

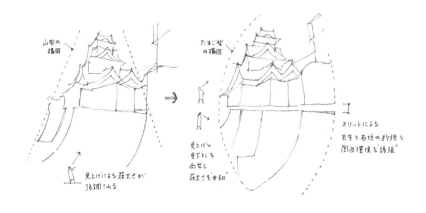

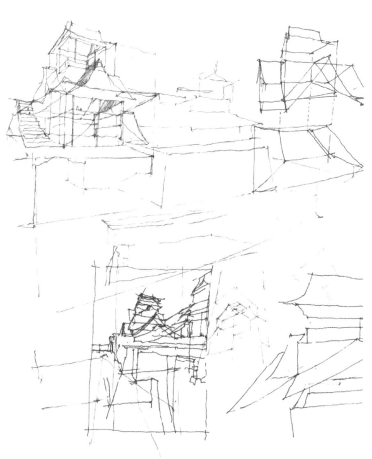

アングルと構図の検討スケッチ。左下の案で決定。

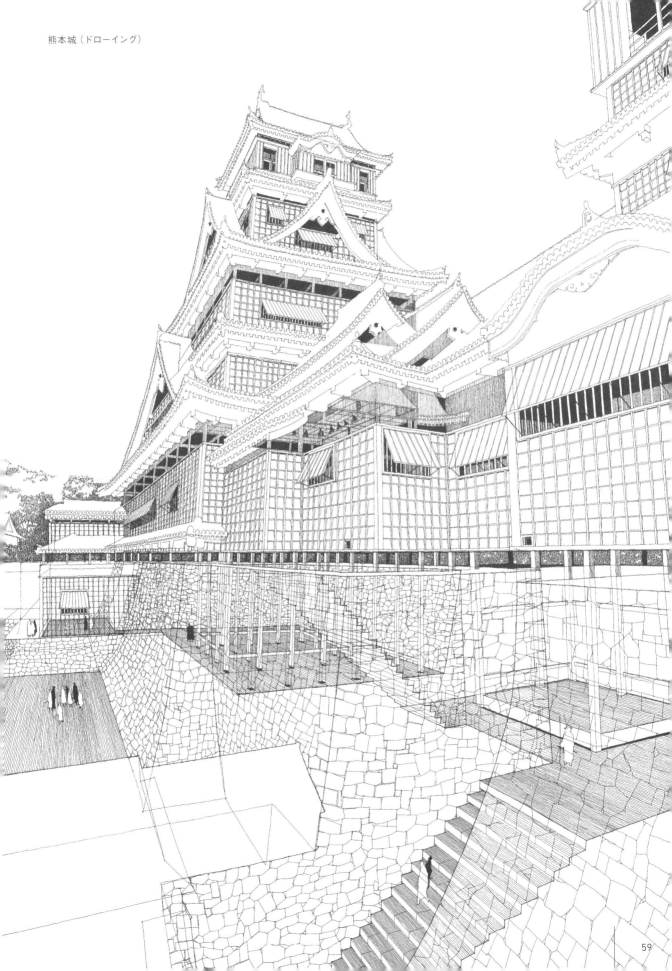

11 ねじふせる

図の極意	Framework｜ESSENCE OF PERSPECTIVE DRAWING
骨格	複数の「見せ場」を共存させる

真骨頂の最後を飾るのは、複数の「見せ場」を共存させ、見どころの多いパースに仕立てる術である。

これも「こちょうする」と同様であるが、うまく共存させないとただの歪んだパースや意味不明の表現に陥る可能性があるので、バランスが重要だ。

HYPER-ARCHITECTURAL PERSPECTIVE DRAWING　26 Hand-Drawing Techniques for Manipulating Spatial Shapes

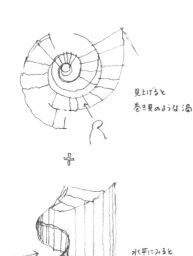

見上げると
巻き貝のような渦

＋

水平にみると
階段の要素や
ディテールが印象的.

見上げと見渡しが共存

前川國男設計［東京文化会館］の通称「赤階段」に身を置いたことがある人は、おそらくこのパースに共感することだろう。見上げると赤い螺旋がタービンのように渦巻いて上昇している。昇降中も、目線をアイレベルに戻すと、艶々の赤い壁の連続や極太の手すりなど、前川國男デザインの存在感に圧倒させられる。

この見上げや見渡しの「見せ場」を1枚に"ねじ伏せ"ることで、実際の経験に基づく印象に近づけることを目指している。階段を途中で切断し、シリンダー階段のすべてを描き切らないことで「見せ場」を強調する手法も織り込んでいる。

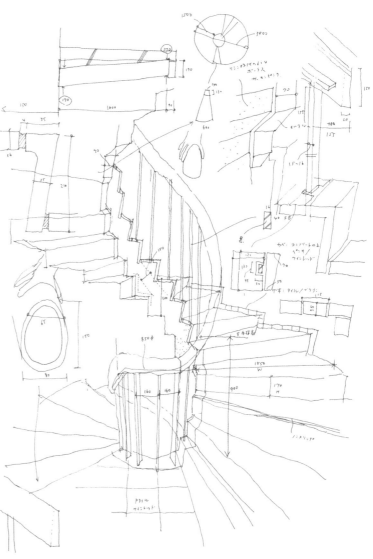

現場での階段実測スケッチ

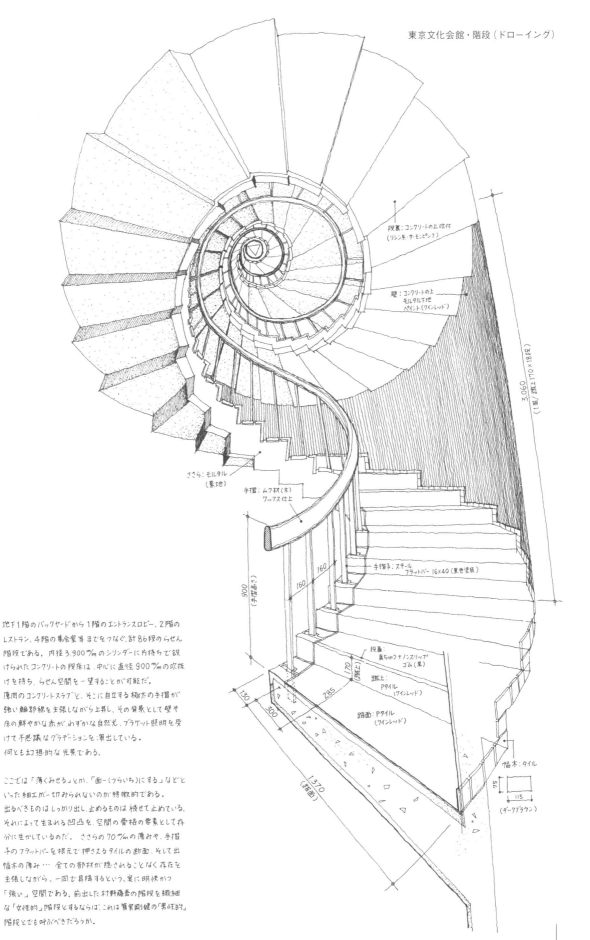

段裏：コンクリートの上吹付
（リシン系・サーモンピンク）

壁：コンクリートの上
モルタル下地
ペイント（ワインレッド）

3,060（1面／踏高170×18段）

ささら：モルタル
（素地）

手摺：ムク材（木）
ワックス仕上

手摺子：スチール
フラットバー 16×40（黒色塗装）

段鼻：
真ちゅうノンスリップ
ゴム（黒）

蹴上：
Pタイル
（ワインレッド）

踏面：Pタイル
（ワインレッド）

幅木：タイル
（ダークブラウン）

900（手摺高さ）

160 160

170（蹴上）

285（踏面）

130 300 1370（踏面）

75 115

地下1階のバックヤードから1階のエントランスロビー、2階の
レストラン、4階の集会室等までをつなぐ、計86段のらせん
階段である。内径3,900㎜のシリンダーに片持ちで設
けられたコンクリートの段床は、中心に直径900㎜の吹抜
けを持ち、らせん空間を一望することが可能だ。
厚肉のコンクリートスラブと、そこに自立する極太の手摺が
強い輪郭線を主張しながら上昇し、その背景として壁や
床の鮮やかな赤が、わずかな自然光、ブラケット照明を受
けて不思議なグラデーションを演出している。
何とも幻想的な光景である。

ここでは「薄くみせる」とか、「面一（つらいち）にする」などと
いった細工が一切みられないのが特徴的である。
出るべきものはしっかり出し、止めるものは被せて止めている。
それによって生まれる凹凸を、空間の骨格の要素として存
分に生かしているのだ。ささらの70㎜の厚みや、手摺
子のフラットバーを根元で押さえるタイルの断面、そして出
幅木の厚み…。全ての部材が隠されることなく存在を
主張しながら、一同で具備するという、実に明快かつ
「強い」空間である。前出した村野藤吾の階段を繊細
な「女性的」階段とするならば、これは質実剛健の「男性的」
階段とでも呼ぶべきだろうか。

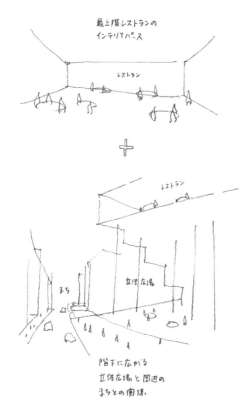

最上階レストランの
インテリアパース

レストラン

レストラン

まち

立体広場

階下に広がる
立体広場と周辺の
まちとの関係

見渡しと見下げを自然につなぐ

　沖縄県［公募プロポーザルコンペティ
ションKOKUEIKAN PROJECT］応募案
の内観パースである。最上階のレストラ
ンがもつ雰囲気と、そこからの眺望、さ
らにはガジュマルの木のごとく林立する
柱が特徴的な立体広場を見下ろす光景。
この2つの「見せ場」を自然につなぎ、
那覇市国際通りの街並みと調和させる
ことを試みた。立体広場の表現は、高
さ方向の奥行き感を出すため、人の点
景にかかるパースを強めに施している。
　手前の張り出しデッキは、画面下部
でオープンエンドに開く構図処理をして
おり、まるでこのデッキに身を置いて眺
めているかのような臨場感をねらった。

提案の要点を示すダイアグラム・スケッチ

ここからは構図・骨格に続いて、描画
フェーズにまつわるツボを整理してい
こう。たとえば外観パース、特に空か
ら見下ろした鳥瞰パースにて、このツ
ボを自在に使いこなせるようになると、
伝達性は格段に向上する。建築の概
形を示しつつ内部の空間構成やアクティ
ビティを表現する、つまりカタチとナ
カミを両立させた表現である。
コンピュータ・グラフィックスのワイヤー
フレームのように、内部を透かしなが
らも、手描きならではの温かみやわ
かりやすさをあわせもたせる工夫を紹
介したい。

カタチとナカミの両立法

[くまもとアートポリスプロジェクト
2008「宇城市立豊野幼・小中一貫校設
計業務公募型プロポーザル」]のメイン
パースである。プロポーザルコンペなので、
具体的な建築イメージではなく、施設全
体の構成や考え方を補足する図として、
ラフなドローイングが求められた。
　施設の透明フレームに内部の機能・
構成や使われ方のイメージを重ねる鳥瞰
スケッチは、こうしたプロポーザル提案
の手法として有効である。うまく描かな
いと線が交錯しぐちゃぐちゃになる恐れ
があるが、後ほど登場する太線の扱い
や着彩の工夫さえ習得すれば、情報量
が多くても明快に伝わる透明手描きパー
スとして仕上げることができる。

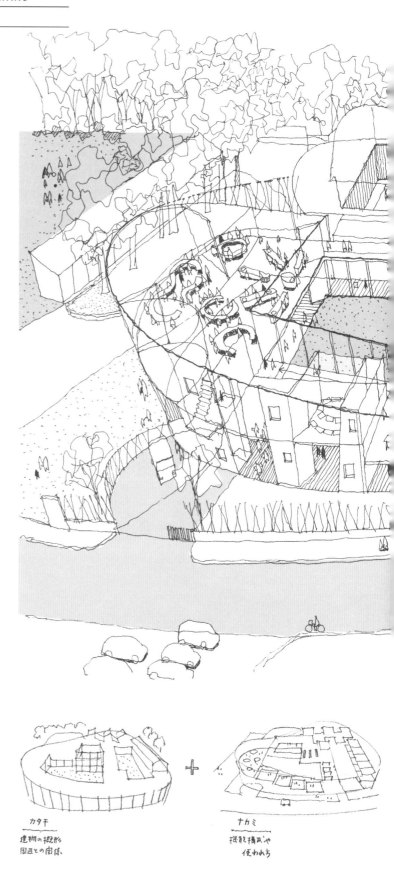

カタチ
建物の概形
周辺との関係

＋

ナカミ
機能構成や
使われ方

パースと同じアングルの模型写真。
パースの方が様々なアクティビティが目に留まりやすい。

大胆に切断し"臓物"を引き出す

　広島県［三次市奥田元宋・小由女美術館（仮称）基本設計プロポーザル］応募案のパースも、同じような効果をねらったものである。伊達巻のようにとぐろを巻いた断面が、奥行きと共に変化していく美術館を提案した。特徴的な断面構成と奥行きに応じた空間性や用途の変化を伝えるため、三点透視図をベースにした。着彩と太線使いで、透化する全体像と内部構成の情報を両立させている。

　中央部を大胆に切断し、その断面を強調していること、手前は外形が破線で表現され、中身の"臓物"が引き出されて可視化されていることに注目したい。まるで子どもたちが読む断面図鑑のような明快さを目指した表現。

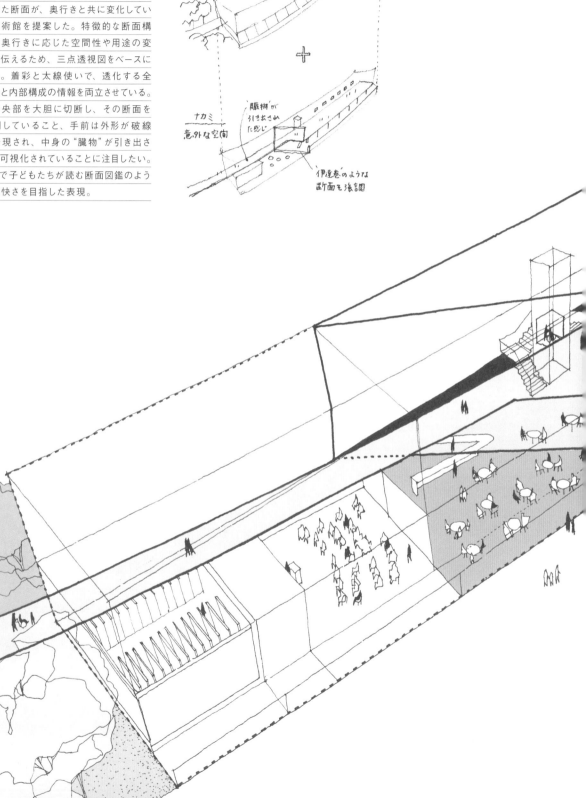

カタチ
全体の佇まい

ナカミ
意外な空間

"臓物"が
引き出され
た感じ

伊達巻のような
断面を3連続

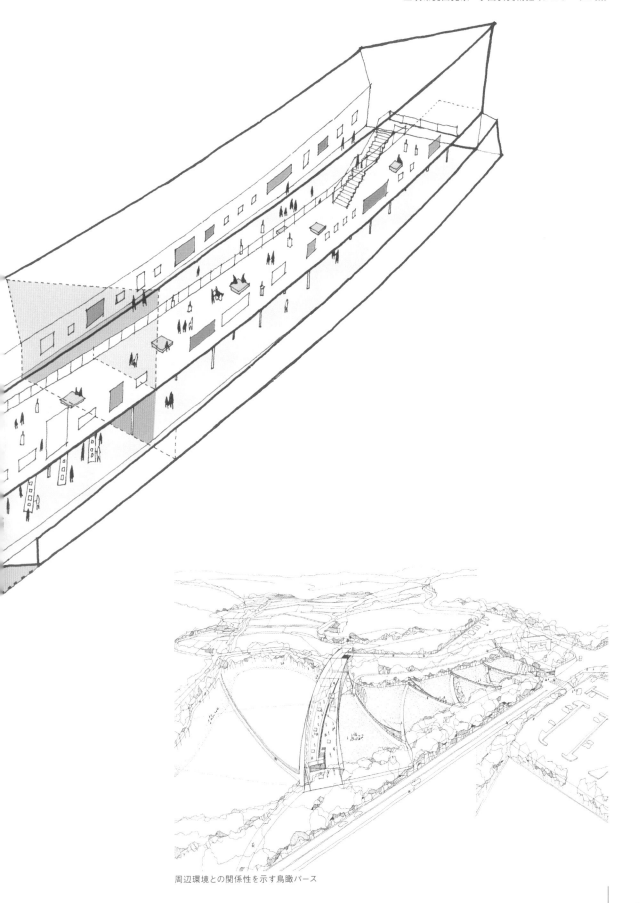

周辺環境との関係性を示す鳥瞰パース

13 | はぶく

図の極意	Lines	ESSENCE OF PERSPECTIVE DRAWING
描画	コンセプトを際立たせる「線の引き算」

建物の線は最小限としながらも、その建築ができた際の佇まいや内部空間の雰囲気、周辺との関係が的確に表現できないか？ そんな野望のために追究されたのが線の省略である。デザインコンセプトをむしろ際立たせる「線の引き算」について考える。

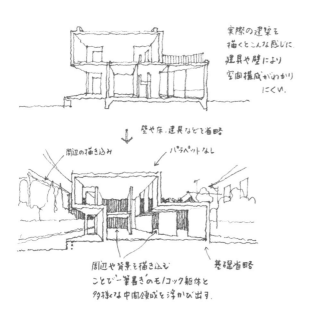

実際の建築を描くとこんな感じに。建具や壁により空間構成がわかりにくい。

壁や床、建具などを省略

周辺の描き込み

パラペットなし

周辺や背景を描き込むことでピー筆書きのモノコック躯体と多様な中間領域を浮かび出す。

基礎省略

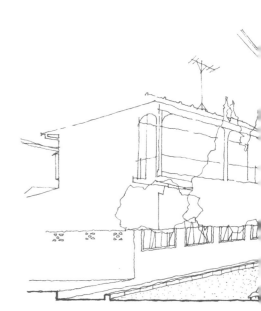

シンプルなモノコックと多様な中間領域

埼玉県にある［吹上の家］は鉄筋コンクリート造2階建ての住宅である。1階を南の庭へダルマ落としのように大きくスライドさせ、2階とのズレがピロティや縁側のような中間領域を生み出すプランである。この一筆書きの断面を持つ壁式構造躯体をできるだけシンプルに表現した。

実際あるはずの床の一部やパラペットなどをあえて「引き算」することで、モノコックの空間構成や多様な中間領域の雰囲気を際立たせるコンセプトパースである。窓から垣間見える周辺環境の描き込みも、この住宅にある見せ場の雰囲気を伝えようとしている。

HYPER-ARCHITECTURAL PERSPECTIVE DRAWING 26 Hand-Drawing Techniques for Manipulating Spatial Shapes

68

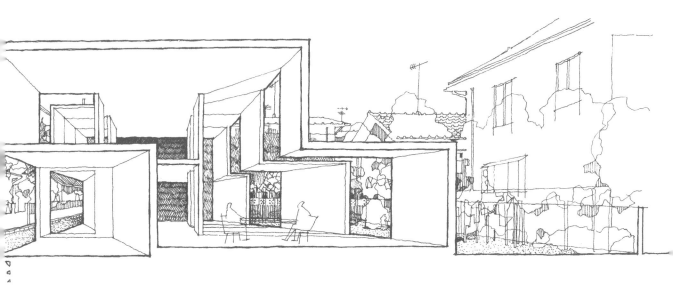

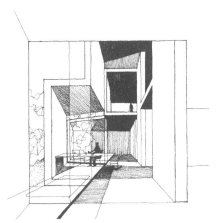

内観パース。ハッチングでガラスも表現

外観パースにて内部を透視

省略と加筆のバランス

　旧城下町の街並みになじむ2つの"蔵"のようなボリュームと、その間にゆったりと掛けられた"天蓋"のような大屋根による全体構成をもつ、大分県 [竹田市図書館設計者選定プロポーザル] での提案。必要機能は蔵の中に格納され、閲覧室は周辺のまちや庭とつながり、まるでまちの中で本を読んでいるような図書館を目指した。

　その全体構成とメインの閲覧室の雰囲気を伝えるため、建築は最低限のフレームだけの描画にとどめ、着色のグラデーションと太線、そして点景の描写が全体の密度感とバランスを保っている。単に線を省くだけではダメで、それを補完する要素とのバランスが大事なのである。

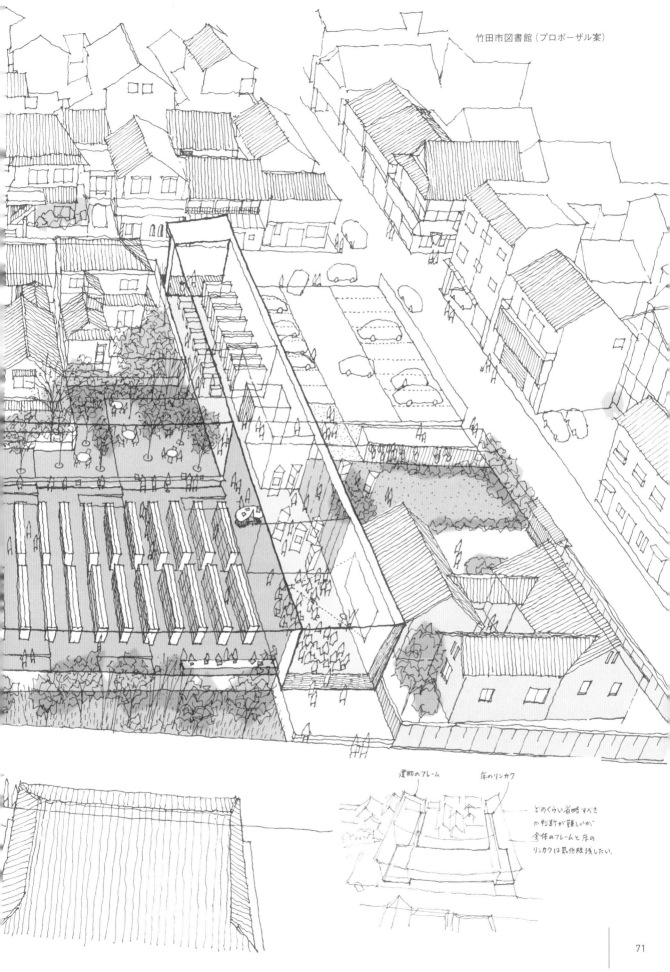

竹田市図書館（プロポーザル案）

建物のフレーム　床のリンカク

どのくらい省略すべき
か判断が難しいが
全体のフレームと床の
リンカクは最低限残したい.

71

実際の建築にいのちを吹き込むのは人
であり、家具であり、樹木であるよう
に、パースでの建築や空間をいきいき
としたものにするのも点景の数々であ
る。点景は添景とも言うように、風景
や景観を引き立たせるために添えるも
のであるが、ただ添えればよいという
ものではない。

人、家具、車、樹木、看板など様々
な種類がある点景には、それぞれ描き
方や配置の仕方によってパース全体の
雰囲気や伝達力が変わるので、非常
に重要な要素だ。

使われ方と雰囲気を伝える

広島県［平和大橋歩道橋デザイン提
案競技応募案］のメインパースである。
その名のとおり橋の提案であるので、橋
およびその周辺のランドスケープをパー
スで表現している。幅100mにもおよぶ
大通りには広大な緑地や歩道、そして数々
の河川や河川敷が横切り、橋や橋詰広
場が点在。そこに計画される歩道橋を
中心に、舗装や手すり、ベンチなどの
街具を描いている。

特に人々の点景に注視してほしい。様々
な場所の使われ方が伝わるよう、賑わ
いや動きを重ねることを意図して、透明
な人や輪郭が溶けた人々など多様な描き
方を混在させている。また多種多様な
樹木は適度に透明化することで、自然
の豊かさと周辺環境の可視化、両方を
成立させている。

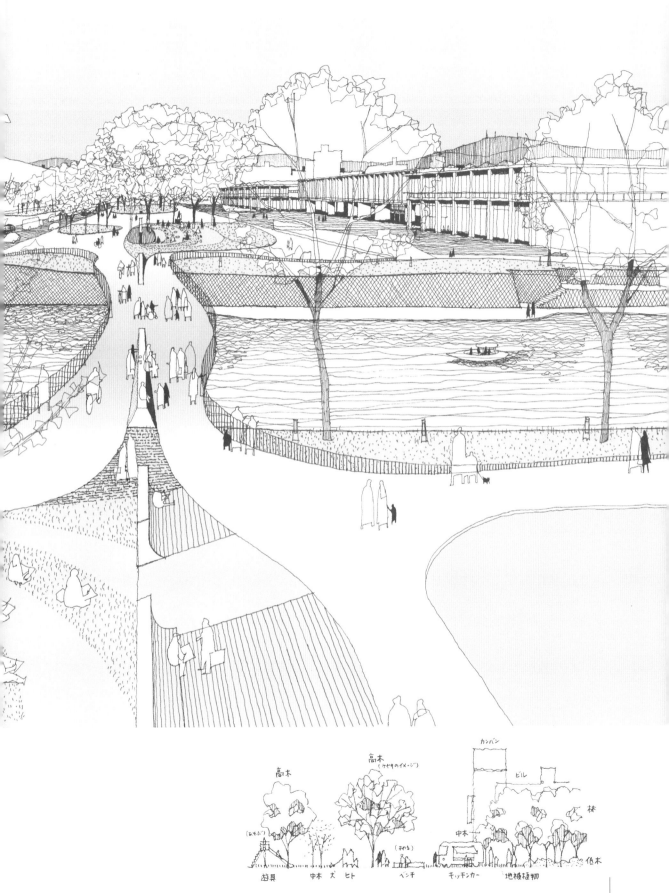

動きや滞留などのダイナミズムも

　点景で空間の奥行きを伝えた［東京
都交通局「都営バス構想2020」］の装画
である。すり鉢状に折り重なるリング型
の近未来の交通ターミナルを描いた。ス
ロープと周辺のビル群以外は、ほぼ点
景を描くことで成立させている。リング
状の空間は遠近感を出しにくい。そのた
め、散在するバスの大きさが全体の奥
行き表現に一役買っている。
　さらに人の配置や向き、改札口やコン
コースの動線や、広場のようなタマリの
スペースを感じさせるようとにかく点景
表現に力を注いだ。静止画であるものの、
点景によって動きや滞留といったダイナ
ミズムを表現できるのもまたパースの醍
醐味である。

点景で人の動線やタマリ
のスペースを感じさせることも
可能

手前を閉じずに開くと臨場感が出る。

バスの大小で
遠近感を表現

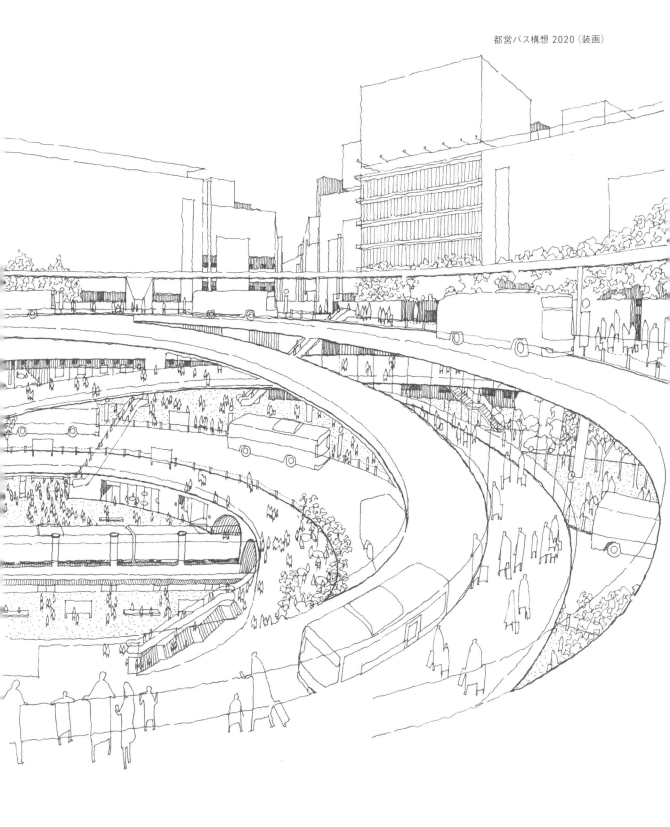

超建築パースにとって点景と同じくらい重要なのが、太線とハッチングである。まずは太線の目的を整理しておきたい。主には、伝えたい形の明確化、立体感の創出、画面全体にメリハリを与えることである。そして、線画に多様な表情を与えるハッチング。CGに比べると全体に白っぽくなりがちな手描き線画に、奥行き感を与え、画面全体の濃淡のバランスも調整することができる。

奥行き感と独特の雰囲気

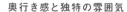

ハッチングとは線の重なりによる模様のことであり、線影などとも言われる。平行に並べるもの、クロスして網掛けにするもの、点の集合によるものなど様々なパタンをつくることができる。熊本県［下通二番街・三番街・四番街アーケード・デザイン・コンペティション］応募案では、平行線のハッチングを利用してアーケードの奥行き感を出すことに挑戦した。

中央へ向かうにつれて線間は狭くなり、遠近効果が生まれる。また、線がふにゃふにゃと揺れ動きつつも決して重ならないことで、均質感と柔らかさが同居した独特な雰囲気を創出している。ほかにも、かすれたようなランダムな破線の集合で、ガサガサとしたテクスチャーを表現することもできる。

下通アーケード（コンペ案）

実線・破線・点・自由曲線だけでも街並みを表現できる.

空間の強調と画面全体の親和性

　群馬県［前橋市美術館（仮称）プロポーザルコンペティション］応募案では、ベタ塗りの濃紺と白で全体を構成し、コントラストの強いパースを描いた。これは伝えたい空間構成を強調することと、平坦になりがちである線描パースに強い立体感を与えるためである。

　中央のガラスでできた「まゆ玉」の空間を、周囲のベタ塗りで浮かび上がらせると共に、周辺商店街の屋内も同じくベタにすることでバランスをとっている。さらにケヤキの幹枝も同様とした。実は重要なのが、このベタ塗りは線の集合であること。CGやマーカーで塗ってしまうと、画面全体の親和性が失われてしまうので注意したい。

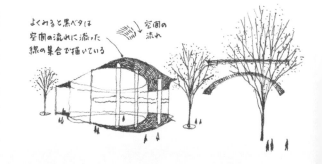

16 いろどる

図の極意	Rendering | ESSENCE OF PERSPECTIVE DRAWING
仕上	最小限の着彩で最大限の効果を

仕上の最後は着彩である。着彩の方法は多種多様であるが、筆者の場合は色数を抑え、最低限の着彩で最大限の効果をねらう手法を画策している。着彩表現は個性が出やすい。本書はあくまで参考事例として、各自で着彩の方法を研究し、自分なりの手法を是非編み出してほしい。

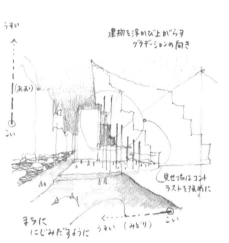

透明感と広がりを

[公募プロポーザルコンペティション KOKUEIKAN PROJECT]のメインパースを見てほしい。ここでは、敷地北側に十分な日陰をもつ公開空地が提案された。そこに林立する夥しい数の柱と、階段状にせり上がる商業施設に囲まれて、独特の立体広場を形成する様子を魅力的に伝えようとした。巨大なピロティ空間の透明感とスケール感を表現するのに、大きな役割を担ったのが着彩だ。隣接するビルと提案建物の間から垣間見える空を塗り、周辺の青空とつなげることで、この広場の空気感が浮かび上がる。
　白色に塗り残した公開空地は、グラデーショナルに着彩した歩道や周辺空地の緑によって浮き立つと共に、様々な空地が連携し、中心市街地にもかかわらず大きな広がりを獲得していることが表現されている。

HYPER-ARCHITECTURAL PERSPECTIVE DRAWING 26 Hand-Drawing Techniques for Manipulating Spatial Shapes

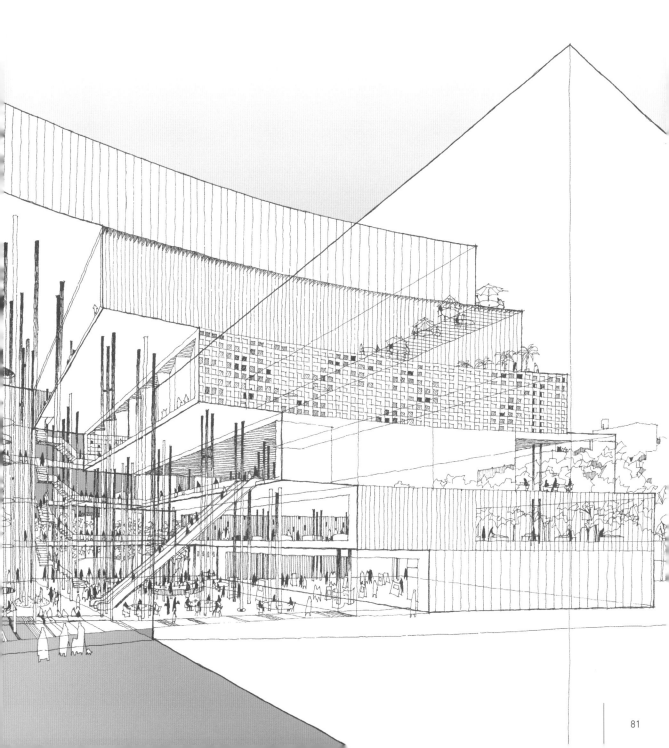

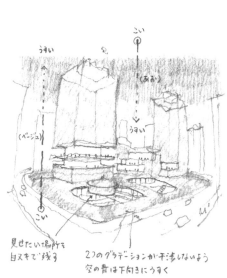

見せたい場所を
白スキで残す

2つのグラデーションが干渉しないよう
空の青は下向きにうすく

塗らない着彩

　東京・田町駅近くの［グランパーク］という複合ビルのコンセプト・ドローイング。複雑に重層する機能や場所をわかりやすく伝える手段として、着彩を有効活用している。特に注目してほしいのは、白抜きで消去することで"間引き"した空間表現である。地下の商店街と地上の分かれ目、あるいはビル内の執務スペースや会議室の位置や構成が見分けやすいよう間引いている。

　また、全体はベージュのグラデーションでなじませながら、青のグラデーションと線描の輪郭を無視した緑面をラフに重ねて、青空の中にそびえるツインビルとそれらをつなぐ低層部、そして賑わいのある地下商店街と自然豊かなオープンスペースによる全体構成が、密度の高いドローイングでありつつも自然と理解できるように工夫した。

第4章 図の展開

図の極意では、超建築パースが生まれるプロセスとして
全11のツボを紹介した。ここからは、超建築パースの応用的展開として、
さらに表現を強化・拡張する10のツボについて考えたい。
［のぞむ］［つつむ］では臨場感を、［めぐる］［ならべる］では経験について、
［つなぐ］［かもしだす］では雰囲気を、［ぼかす］［またたく］では変幻について、
そして［まとめる］［いきいきと］では構想というように、
それぞれのテーマに沿って進めていく。

HYPER–ARCHITECTURAL PERSPECTIVE DRAWING
26 Hand-Drawing Techniques for Manipulating Spatial Shapes

17 | のぞむ

パースは画面に投影された図像であり、二次元表現である。鑑賞者が実際にその建築や空間に身を置いた感覚、つまりパースの"中に入った感じ"に近づくには限界もあるが、これまでに様々な工夫がなされてきた。"臨場感"や"没入感"を少しでも高めるため、様々な方法で挑んできたその工夫を紹介する。

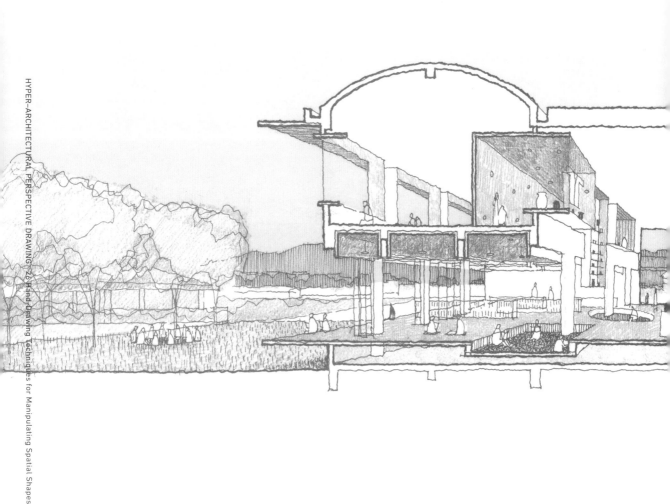

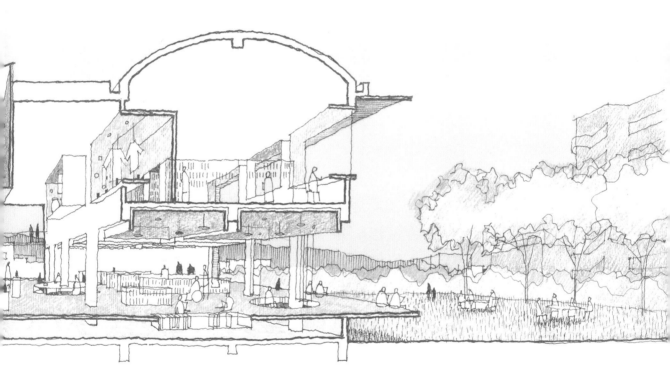

背景や周辺の
描き込みにより
建物が手前に
浮かび上がる

わずかにむくっている
└ 内側を開く

背景の連続が
ミソ

空間が浮かび近づく

　福岡県［福智町立図書館・歴史資料館設計業務者選定プロポーザル］応募案のメインパースは、基本的な一点透視図をベースにしている。しかし"没入感"や"臨場感"を高めるため、様々な工夫を凝らしている。

　まず断面パースに関する工夫。切断面をわずかではあるが魚眼レンズのように「むくらせる」ことで、図特有の硬さを払拭し、少しでも内側を開いて見せようとしている。これは07［むくらせる］の［上州富岡駅］や［アイランドシティ］と同じような意図である。

　そして周辺の表現に関する工夫。背景の山並みや緑地をできるだけ連続させて描いている。提案する建築や空間が周辺景観の前に"浮かび上がる"ように見せることで、結果的に見る人がパースの中を体験する感覚が強まることを期待している。

舞台枠と花道

［都営バス構想2020］のために描いた、バスの車内を表現したパースである。肝は、パースを描くための画面枠設定を少し小さめにとっていること。通常、透視図の画面枠は紙面いっぱいに設定され、画面中央に向かって奥行きが広がっていく。そのため、描く世界は画面中央に求心的に描き込まれるため、いまひとつ没入感に欠ける。これは劇場の舞台空間が、プロセニアムと呼ばれる舞台枠の奥にある感覚に近い。

一方、このバス車内の描写では、前輪を保護する大きな2つのボックスの手前面を"舞台枠"に見立て、その手前に"花道"のごとく座席や窓などがせり出す構図をねらっている。これにより鑑賞者はまるで車内に居るかのような感覚に近づくことができる。

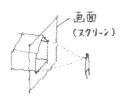

画面
（スクリーン）

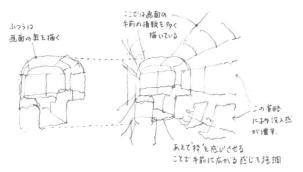

ふつうは
画面の奥を描く

ここでは画面の
手前の情報を多く
描いている

この省略
により没入感
が増す。

あえて枠を感じさせる
ことで手前に広がる感じを強調

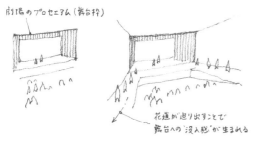

劇場のプロセニアム（舞台枠）

花道がせり出すことで
舞台への'没入感'が生まれる

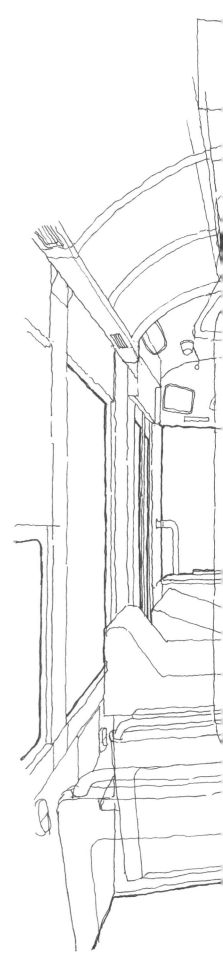

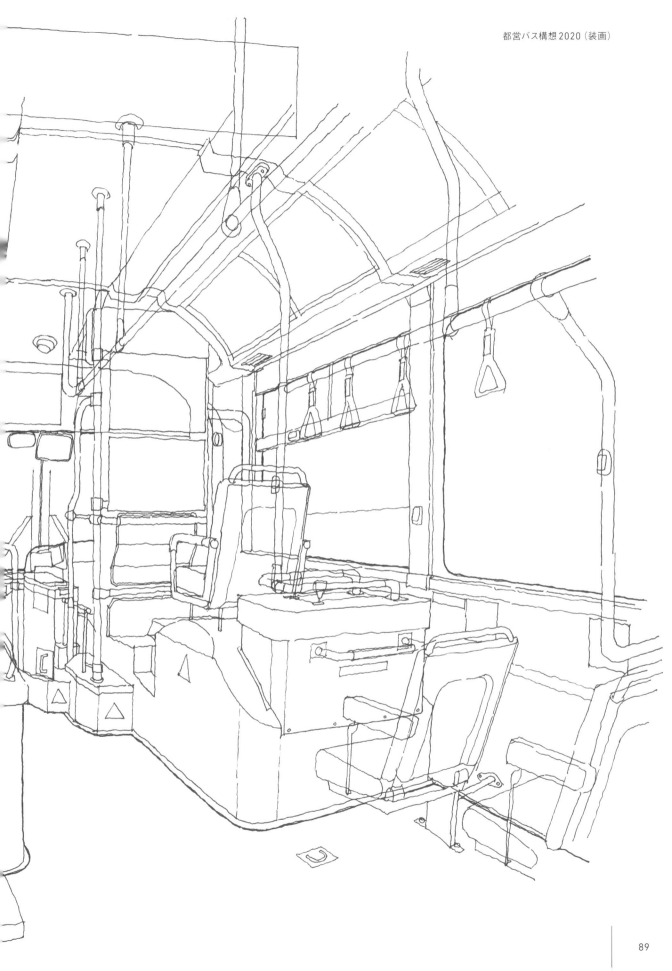

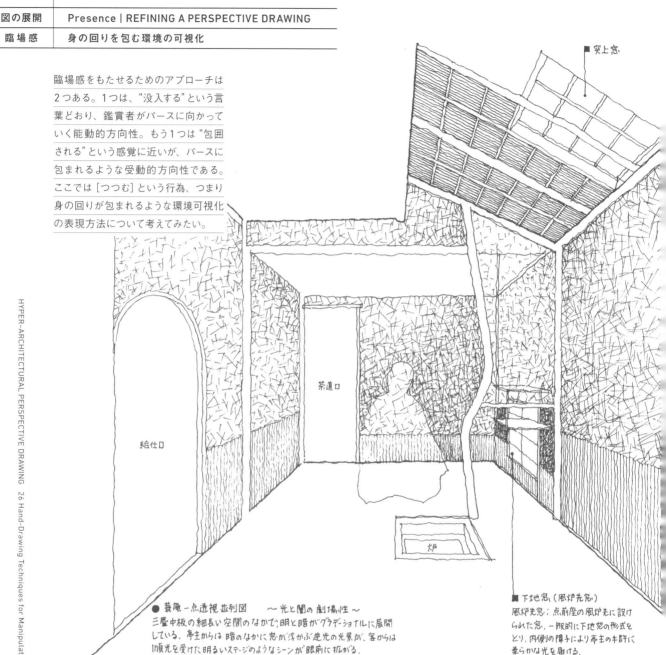

18 | つつむ

図の展開	Presence｜REFINING A PERSPECTIVE DRAWING
臨場感	身の回りを包む環境の可視化

臨場感をもたせるためのアプローチは2つある。1つは、"没入する"という言葉どおり、鑑賞者がパースに向かっていく能動的方向性。もう1つは"包囲される"という感覚に近いが、パースに包まれるような受動的方向性である。ここでは [つつむ] という行為、つまり身の回りが包まれるような環境可視化の表現方法について考えてみたい。

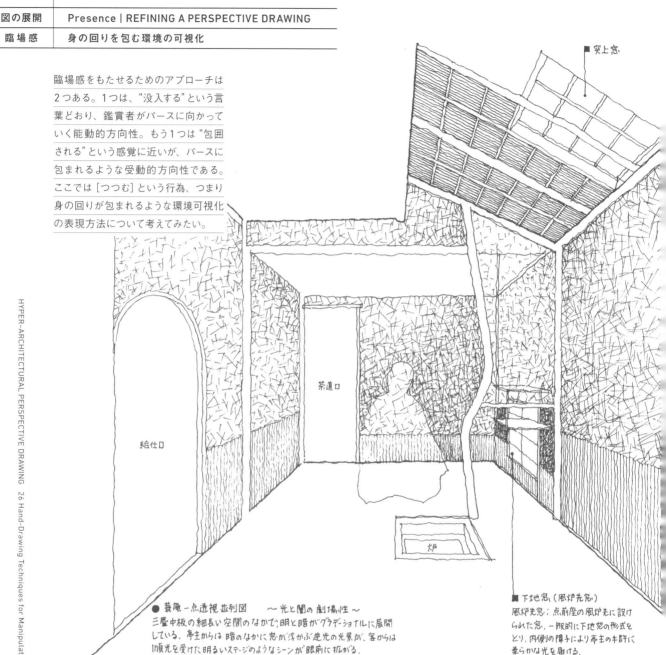

● 蓑庵—点透視並列図　～光と闇の劇場性～
三畳中板の細長い空間のなかで、明と暗がグラデーショナルに展開している。亭主からは暗のなかに窓が浮かぶ逆光の光景が、客からは順光を受けた明るいステージのようなシーンが眼前に拡がる。

■ 突上窓

■ 下地窓（風炉先窓）
風炉先窓：点前座の風炉先に設けられた窓。一般的に下地窓の形式をとり、内側の障子により亭主の手許に柔らかな光を届ける。

主客が並立する臨場体験

　かつて、茶室の設計時には「起こし絵図」なるものを用意したそうだ。それは平面図と周囲の展開図がみかんの皮のように一体になったもので、展開図を起こして組み立てると簡易模型になるというものである。"持ち歩きできる模型"という意味では、優れた空間表現ツールであるがその歴史は古く、江戸時代からあるというから驚きだ。
　京都にある[大徳寺 玉林院南明庵蓑庵]は、三畳の小さな茶室である。それこそ起こし絵図の中に身を置いたかのような構成と体験を引き出すため、空間を輪切りにして水平に開き並べ、描いてみた。それは客人から主人を見た姿と、その逆が対照的かつ均等に並び、主客を入れ替えながら空間全体に包まれたような感覚になる、不思議な臨場体験である。

主
客

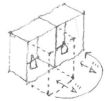

主客それぞれの
視点が並立する
不思議な臨場体験

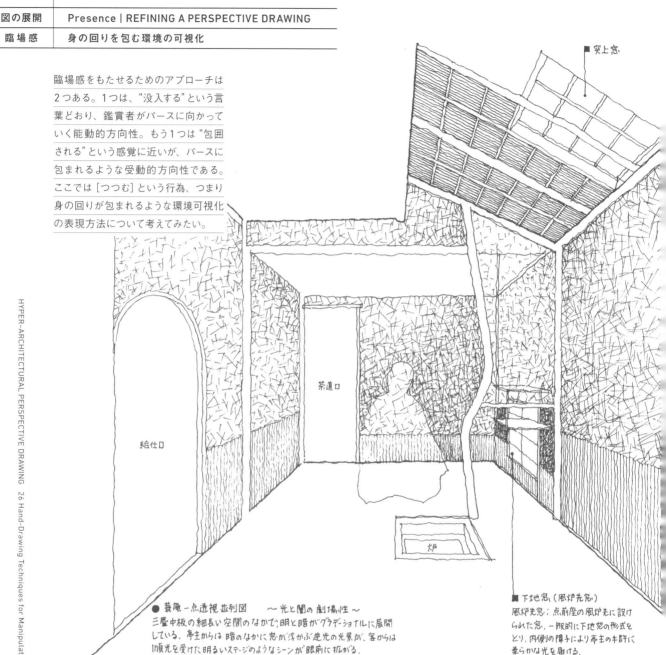 の注記：給仕口、茶道口、炉

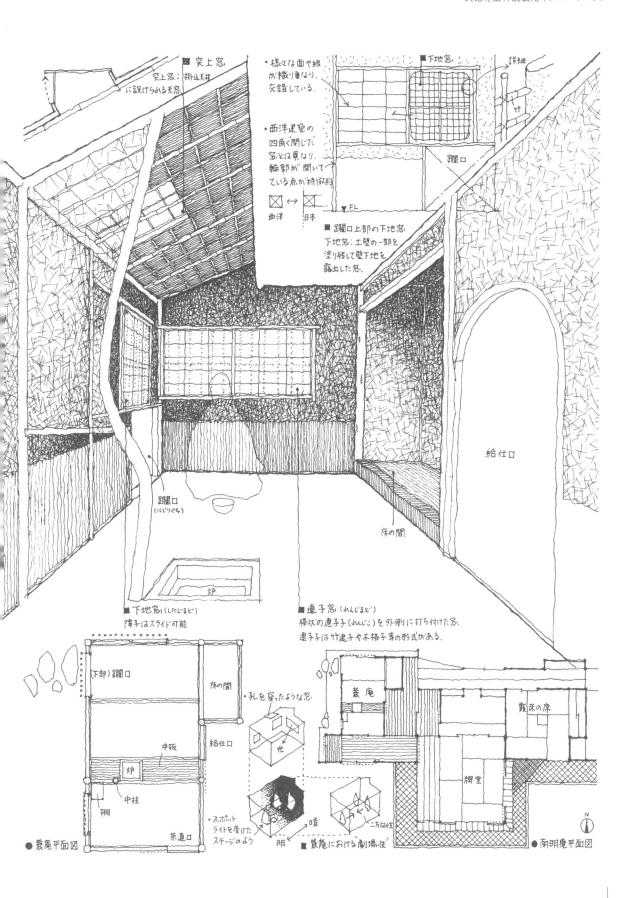

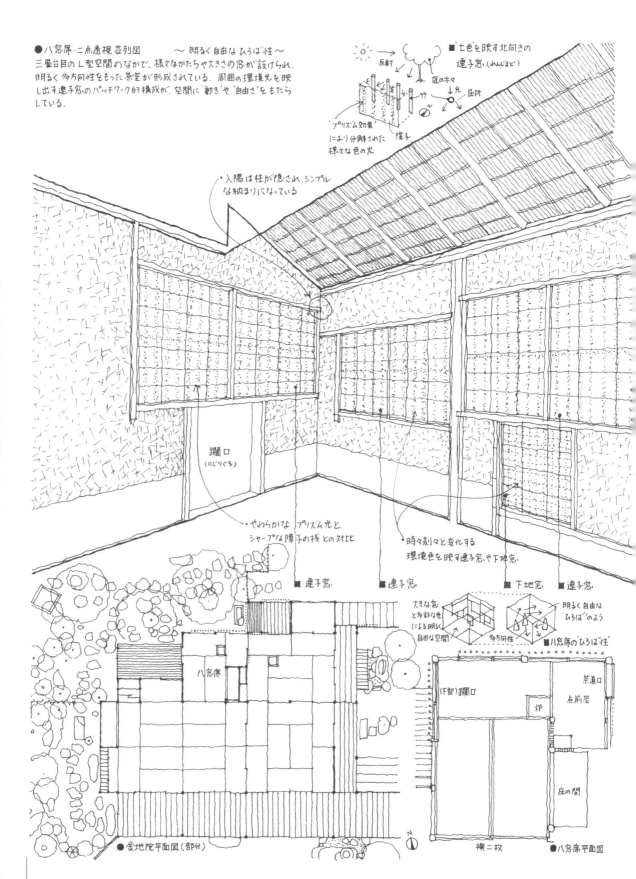

● 八窓席・二点透視 並列図　　　～ 明るく自由な ひろば性～
三畳台目の L 型空間のなかで、様々なかたちや大きさの窓が設けられ、
明るく多方向性をもった茶室が形成されている。周囲の環境光を映
し出す連子窓のパッチワーク的構成が、空間に '動き' や '自由さ' をもたら
している。

■ 七色を映す北向きの
　連子窓 (れんじまど)

反射　　庭の木々
　　　　　光
竹　　　　屈折

'プリズム効果'
により分解された
様々な色の光　　　障子

・入隅は柱が隠され、シンプル
　な納まりになっている

躙口
(にじりぐち)

・やわらかな 'プリズム光' と
　シャープな障子の桟 との対比

■ 連子窓　　　■ 連子窓

・時々刻々と変化する
　環境色を映す連子窓や下地窓

■ 下地窓　■ 連子窓

大きな窓
と多彩な光
による明るく
自由な空間

明るく自由な
'ひろば' のよう

多方向性

■ 八窓席の 'ひろば性'

八窓席

● 金地院平面図 (部分)

N

(下部) 躙口

茶道口

点前座

炉

床の間

襖二枚

● 八窓席平面図

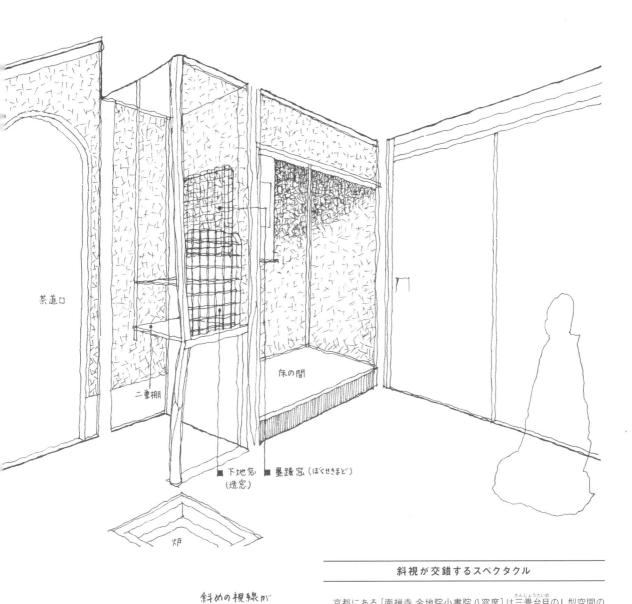

茶道口

二重棚

床の間

■下地窓 ■墨蹟窓（ぼくせきまど）
（透窓）

炉

斜めの視線が
交錯する実体験
に近い感覚

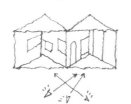

斜視が交錯するスペクタクル

　京都にある［南禅寺 金地院小書院八窓席］は三畳台目のL型空間の
なかで、文字どおり8つ、ではなく6つの様々な窓が設けられ、座る位
置や見る方向により表情を変える万華鏡さながらのスペクタクルが展開
する。その壁面をパノラマのように眺める感じが実体験に近いと思い、
壁面を2枚セットでL字に並べ、それを屏風のように展開してみた。

　これも起こし絵図の変形版であり、2つのL字状屏風に囲まれたよ
うな雰囲気に感じられないだろうか。この茶室では、壁や床の間に
正対する多くの茶室と異なり、斜めの視線が交錯するという実体験
を反映した、リアリティのある空間表現でもある。

19 | めぐる

静止画であり限られた紙面で表現するパースにおいて、建築空間での連続的な視覚経験であるシークエンスや、都市をさまよう時間的記憶などを表現できたら、といつも考えている。マンガのようなコマ割りで描けばそれは可能だろうが、その空間をめぐるような経験を総合した「1枚」にこだわって挑戦し続けている。

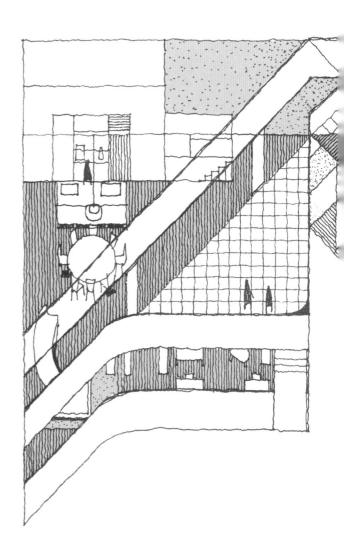

シークエンシャル・アクソメ

熊本城の巨大な石垣に面する住宅［京町の家］のドローイングである。ジョン・ヘイダック*が指摘するとおり、三角形などの非矩形平面の空間では遠近法を感じにくく、床や天井よりも壁や窓の方が印象に強く残る。この住宅は三角形平面を導入し、城を望むパノラマウィンドウや壁などの“内立面”が主役となる住宅として設計した。

その経験を伝えるために、内立面を軸測投影図のアクソメで描き、その立体を画面上でコロコロ転がして連続させる“シークエンシャル・アクソメ”を開発。結果的にこの家のなかでウロウロしながら壁や窓を見回している感じが出ているのではないだろうか。

*ジョン・ヘイダック（1929–2000）：アメリカの建築家。通例の創作形態をとらず、作品のほとんどは理論的なプロジェクトを詩や個人的な物語に結びつけてドローイングの形式で表現。代表作にダイアモンドハウス（1962）など。

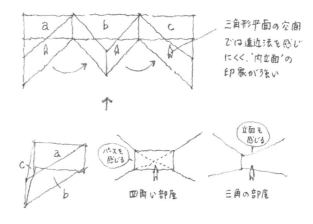

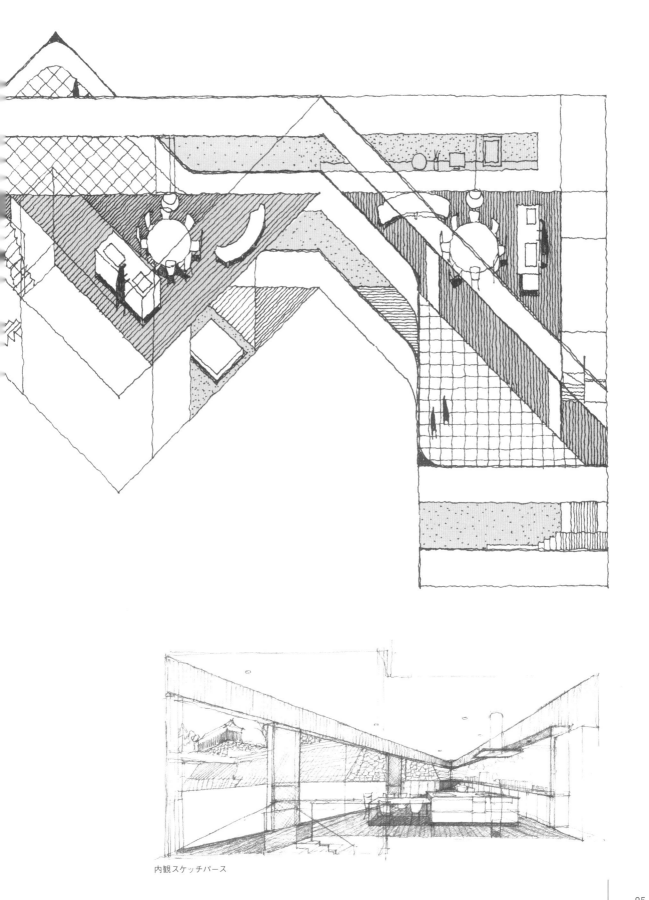

内観スケッチパース

動線を追いながら自身を投影

千葉県［市原市水と彫刻の丘リノベーションプロポーザル応募案］のメインビジュアルである。これもアクソメによる表現であるが、シークエンスを感じられる表現の工夫を施している。

画面右手からアプローチし、エントランスホールや常設展示室を経て蛇腹状の壁に沿いジグザグに歩く。角にはラッパ状の企画展示室やイベントホールがあり、湖の豊かな眺望やランドスケープアートを背にしたシーンが展開される……というようなシークエンスが、この絵から想起されないだろうか。適度に透かした表現が連続的な視線をつくり、要所要所でアクティビティを表現した点景に鑑賞者自身を投影できるよう工夫している。

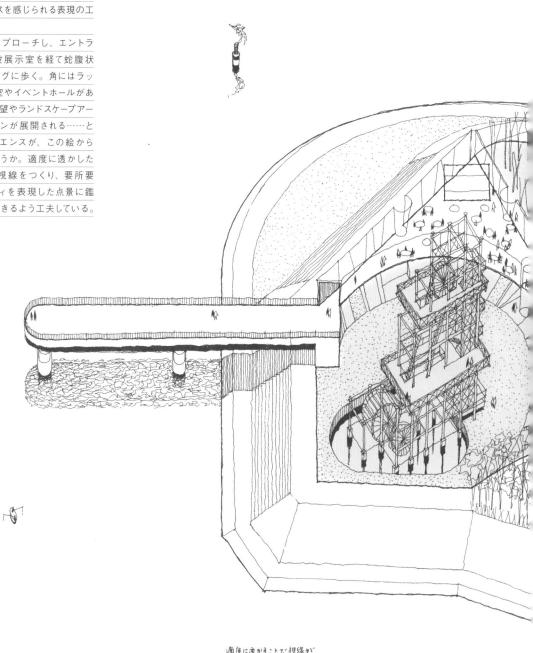

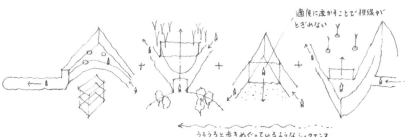

空間や都市の経験を表現する方法として、連続的な視覚経験であるシークエンスとは別に、"多視点"という考え方もある。デイヴィッド・ホックニー*のフォトコラージュをイメージしてほしい。空間の経験を等価に並べ、全体像を感じさせる表現方法である。

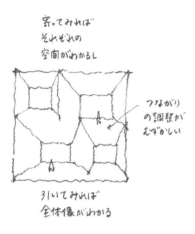

寄ってみれば
それぞれの
空間がわかるし

つながり
の調整が
むずかしい

引いてみれば
全体像がわかる

透視図を断面図のなかでコラージュ

　新旧のピロティ建築を比較するために描いた組作［森のピロティ］と［軽井沢の山荘］では、そこで体験する空間にそれぞれ消失点を与え、一点透視図が断面図のなかでコラージュされるような手法で表現した。

　豊かな自然に囲まれたピロティのシーンや上部居室でのインテリアと眺望など、それぞれに完結した個別の空間体験が1枚の絵の中で羅列され、引いて見たら全体像を感じられるよう構成した。肝は、空間同士のつながりをうまく調整できるかにある。［軽井沢の山荘］では階段の吹き抜けや階段自体の扱いに注目してほしい。

*デイヴィッド・ホックニー（1937–）：イギリスの画家、版画家、舞台デザイナー、写真家。1960年代のポップ・アート運動に大きな影響を与え、イギリスの20世紀の現代美術を代表する一人といわれている。

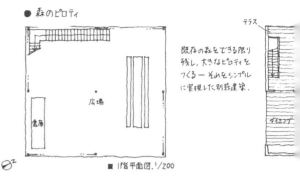

● 森のピロティ

テラス

既存の森をできる限り
残し、大きなピロティを
つくる━それをシンプル
に実現した別荘建築.

広場

倉庫

ダイニング

■ 1階平面図.1/200

6.5m持ち上げられたボリュームは
できるだけ繊細な線材により構成
され、撤廃的な軽量化が図られている.

最小限の空間を
最大限持ち上げる.
既存の技術を洗練し
スリム化することで実現

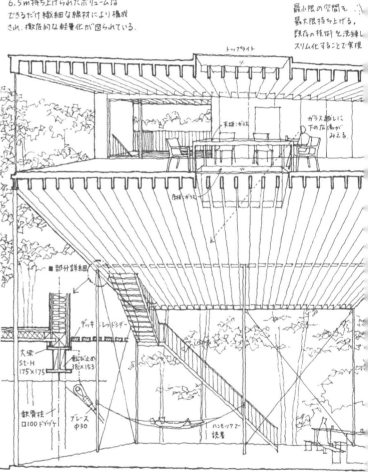

トップライト

天板:ガラス

ガラス越しに
下の広場が
みえる.

床板:ガラス

■ 部分詳細図

デッキ:レッドシダー

大梁
St-H
175×175

転び止め
38×153

鉄骨柱
□100ドブヅケ

ブレース
Φ30

ハンモックで
読書

■ 森のピロティ / 断面図 1/60

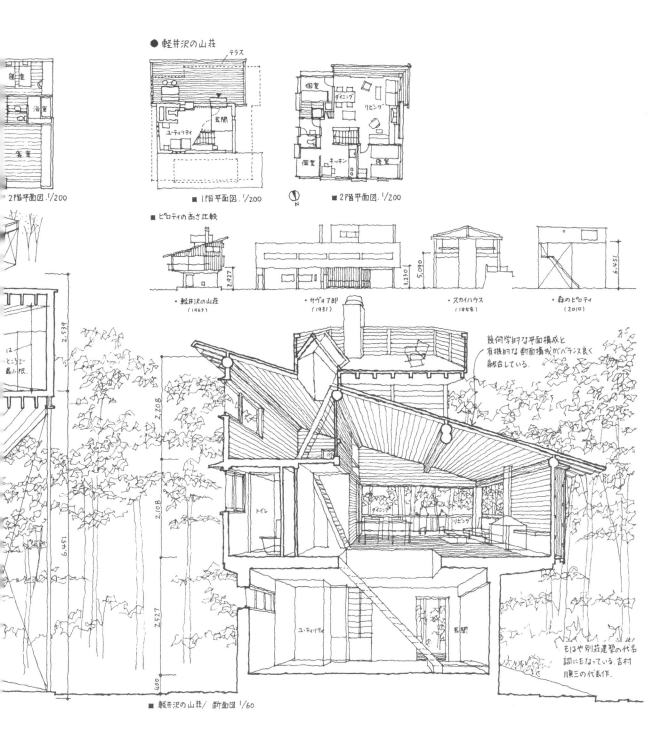

● 軽井沢の山荘

テラス

個室　ダイニング　リビング

ユーティリティ　玄関

個室　キッチン　寝室

2P階平面図 1/200

■ 1階平面図 1/200

N

■ 2P階平面図 1/200

■ ピロティの高さ比較

・軽井沢の山荘
(1967)

・サヴォア邸
(1931)

・スカイハウス
(1958)

・森のピロティ
(2010)

2,927

7,230　5,090

15,749

幾何学的な平面構成と
有機的な断面構成がバランス良く
融合している.

トイレ

ダイニング　リビング

ユ・ティリティ　玄関

2,539

2,208

2,108　15,749

2,527

400

もはや別荘建築の代名
詞にもなっている.吉村
順三の代表作.

■ 軽井沢の山荘 / 断面図 1/60

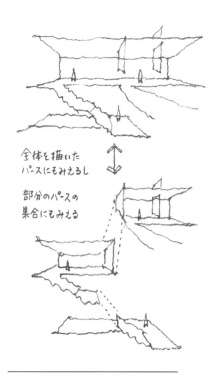

全体を描いた
パースにもみえるし

部分のパースの
集合にもみえる

編集的な眼差しを許容

　1枚の透視図の中で、多視点的な構成がつくれないだろうかという難題に取り組んだのが［ぐんま総合情報センター（仮称）設計提案競技］のメインパースである。

　複数のシーンが集合したようにも見える1枚のパース。建築の躯体を描かず、インテリアの要素が浮遊・拡散しているような描き方がツボである。

　このような透視図のコラージュは、パースのなかでも特にコンセプチュアルな表現と言えるだろう。ここでは全体を一点透視図ベースで描いてはいるが、各階それぞれが独立したインテリアパースにも見える。2層のつながりもわかる。全体を伝えながら部分にもフォーカス可能な、建物のフレームに縛られない編集的な眼差しを許容する技だ。

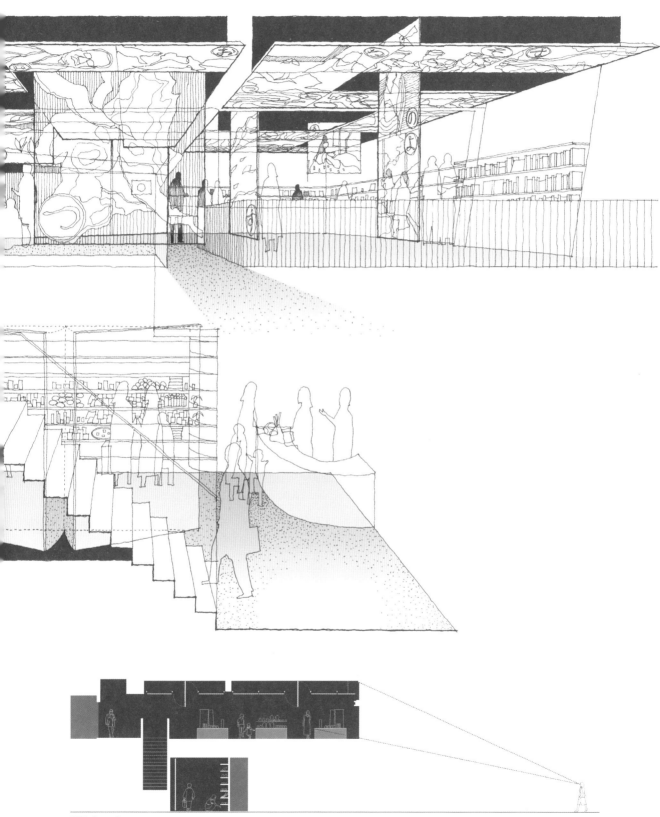

断面ダイアグラム

21 | つなぐ

図の展開	Atmosphere	REFINING A PERSPECTIVE DRAWING
雰 囲 気	パノラマ透視でなじませる周辺環境

一般的なパースは、建築の外観や内部空間の情報が主役で、周辺環境や遠方の景観などはどちらかというと脇役として扱われることが多い。ここではパノラマ的な構図を用いて、できるだけ広範な視野を活かしたパースについて考えてみたい。

建築や空間だけでなく周辺環境も積極的に取り入れ、それらが応答しつつ総合的な雰囲気を感じさせることがねらいである。

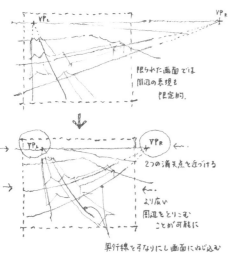

限られた画面では周辺の表現も限定的.

VP_L VP_R

2つの消失点を近づける

より広い周辺をとりこむことが可能に

奥行線を弓なりにし画面にねじ込む

近・中・遠景を同密度で描く

[（仮称）熊本フットボールセンター]の部分鳥瞰パースである。04[みおろす]で解説した鳥瞰の視点とは角度を変え、もう少し降下し建物に近づいたアングルで描いている。伝えようとしているのは、施設内の使われ方や雰囲気、そして環境との関係だ。

ここでも視野を魚眼レンズのように広角にした。横方向の奥行き線をわずかに弓なりにすることで、できるだけ広い範囲の周辺環境を画面に取り込もうとしている。また手前の部屋などの近景から広場の中景、そして遠くの山々の遠景に至る範囲まで、同じような線の描き込み、密度感となるよう意識している。この描き方は、環境要素全体と建築とのつながりを想起させやすいのが利点である。

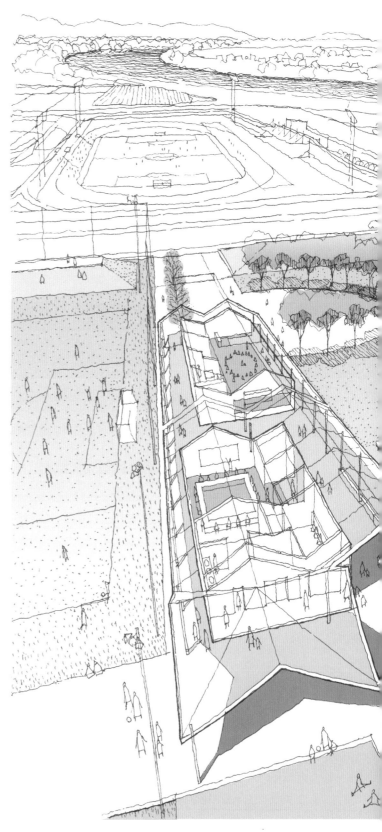

HYPER-ARCHITECTURAL PERSPECTIVE DRAWING 26 Hand-Drawing Techniques for Manipulating Spatial Shapes

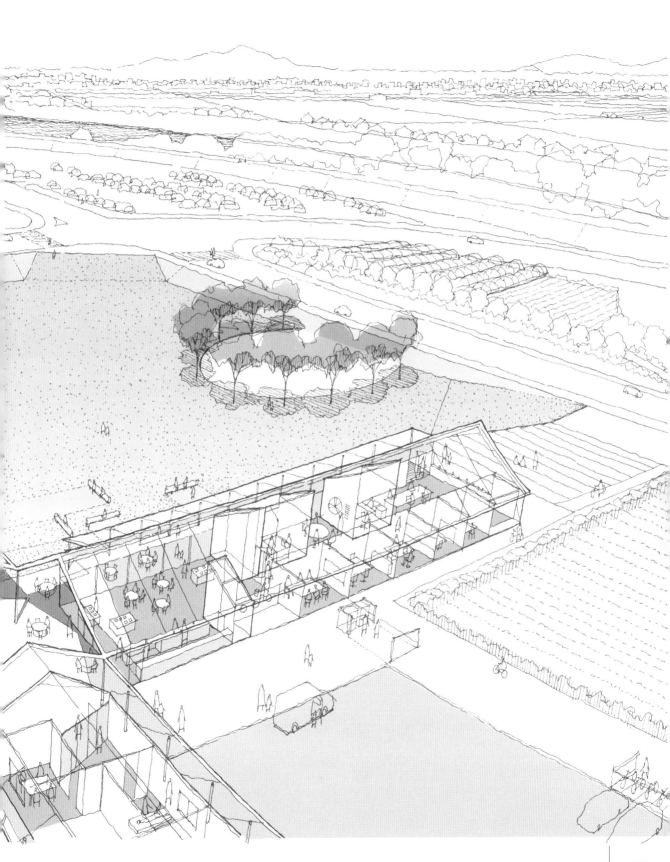

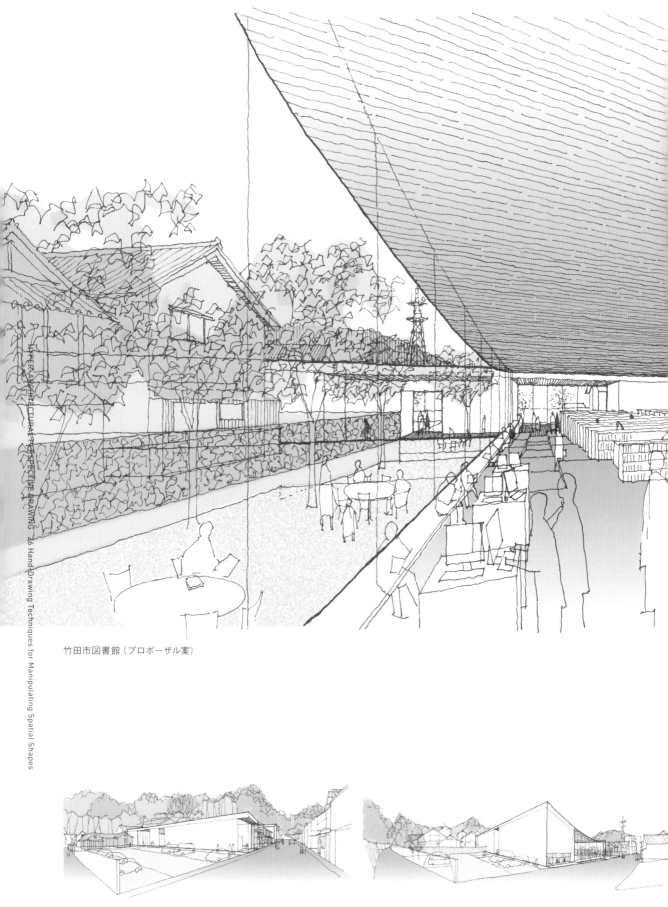

竹田市図書館（プロポーザル案）

外観パース 2 点

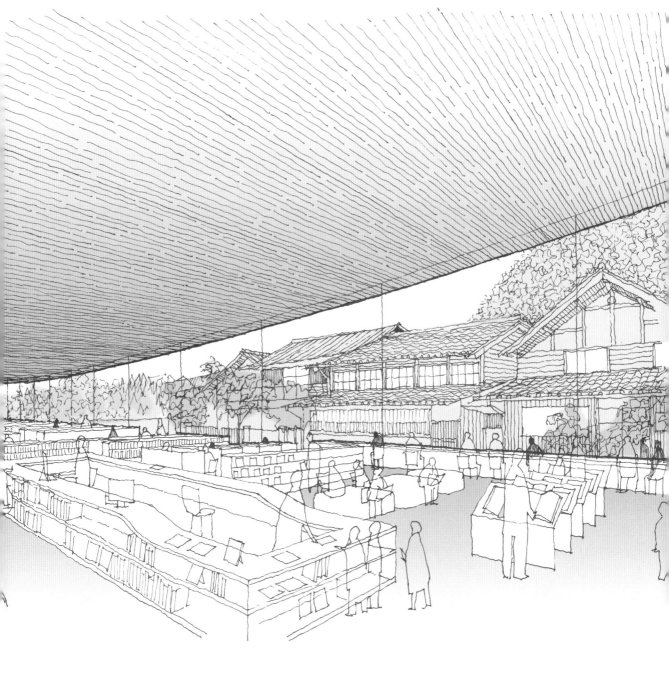

相対的に互いの特徴を顕在化

　では、内部空間のパースでも環境要素との応答関係を見せること
は可能だろうか。大分県 [竹田市図書館設計者選定プロポーザル] で
の提案は、2つの"蔵"とその間にゆったりと掛けられた"天蓋"が特
徴的な構成だった。その天蓋下の空間性と旧城下町とのつながりを
表現する必要があった。

　そこで、周辺の街並みを構成する既存家屋や緑、遠くの電波塔な
地域らしさを感じさせる景観要素を丁寧に描き込むように心がけた。
建築の表現は必要最低限とし、天蓋と床、そして閲覧室の什器のみ
に限っている。見方によってはシンプルな内部空間が浮かび上がったり、
逆に周辺の街並みに意識が向いたりするだろう。相対的に、多様な
雰囲気を顕在化させることができる手法だ。

周辺を詳細に
描き込むことで
シンプルな空間と
街並みがそれぞれ
浮かび上がり
応答する

22 | かもしだす

図の展開	Atmosphere │ REFINING A PERSPECTIVE DRAWING
雰囲気	時間のコラージュで伝える場や質

20世紀初め、パブロ・ピカソやジョルジュ・ブラックらが実践した「キュビズム」は、美術表現の新たな試みだった。1つの対象を固定した単一視点で描くのではなく、複数の視点から見たイメージを1枚の絵に集約しようとする、そのようなイメージを集約し、雰囲気を醸し出すことを1枚のパースでできないかと密かに試行している。

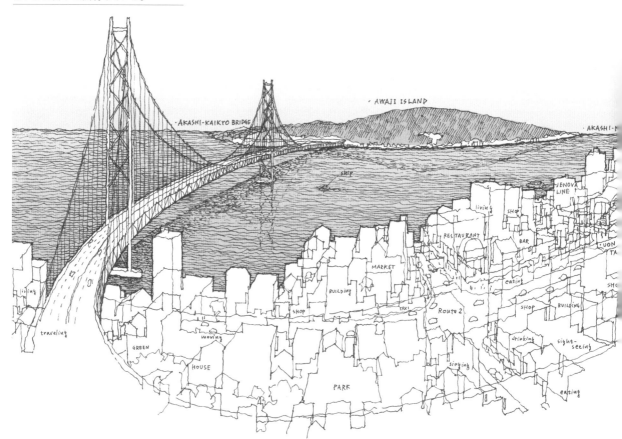

HYPER-ARCHITECTURAL PERSPECTIVE DRAWING　26 Hand-Drawing Techniques for Manipulating Spatial Shapes

デザインコードの共有

兵庫県［明石市立図書館］冊子装画のためのパースである。これは明石駅前の再開発施設の一角に設けられた図書館を中心に、周囲に展開する明石城址や鉄道、漁港や商店街、そして少し離れるが明石海峡大橋や淡路島まで1枚のパースにまとめたものである。明石を語るうえでは外すことができない要素を、スケールや距離は無視してイメージをコラージュした。

通常このようなコラージュでは、単に要素を貼り合わせて断片的な景観を集合させただけになりがちだが、このドローイングでは1枚のパースとしてそれらをつなげているのが特徴だ。ポイントは、水平線と消失点の共有や、Aの字を描く大きな骨格に諸要素が従うなど、実は最低限のデザインコードが共有されていること。まちの要素をねじ伏せながらも、伸びやかに展開させるツボである。

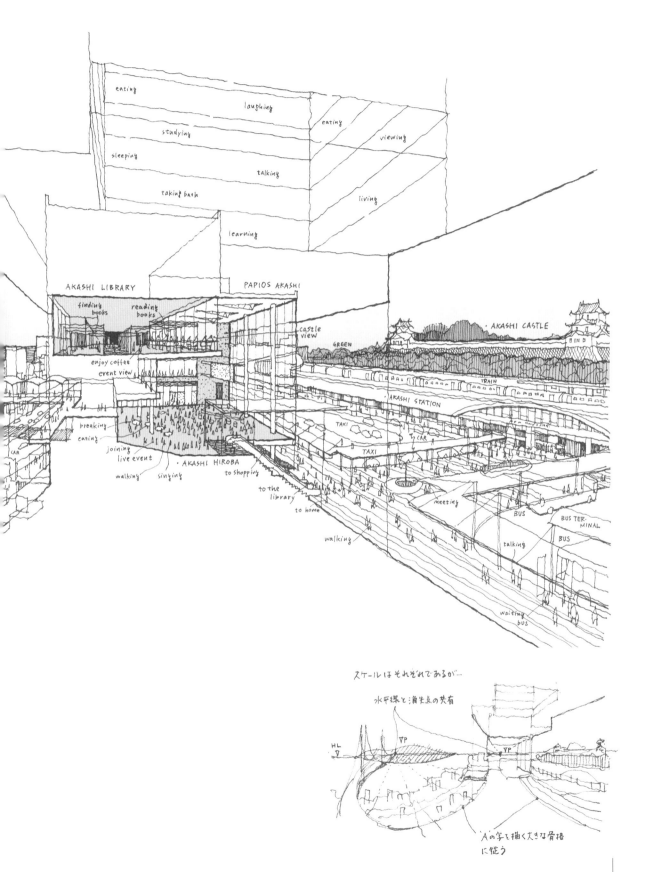

多様な表情が連続する組表現

　［天童木工 家具デザインコンクール 2008］にて提案した「IRORI」は、複数の凹みを囲うテーブルであり、文字どおり囲炉裏のような集まり方ができるコミュニケーション家具である。また天板と凹みが一体化した全体が成形合板のピースから形成されるという構成的特徴もあわせもつ。

　このテーブルの平面形状、立体的な表情、そして構成の特徴を、連続的に変化する1枚のパースで伝えられないかと考えた。通常は、メインパースにダイアグラムや図面で情報を補足していくのが定石だが、表情や情報が次々と変容していく。平面図〜パース〜ダイアグラムがどれもメインで相互補完的であるというキュビズム的表現の実験である。

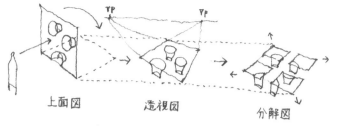

上面図　　　透視図　　　分解図

立体の様々な'表情'を連続的に表現

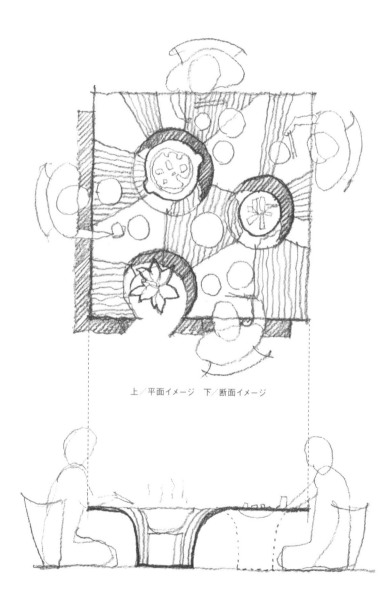

上／平面イメージ　下／断面イメージ

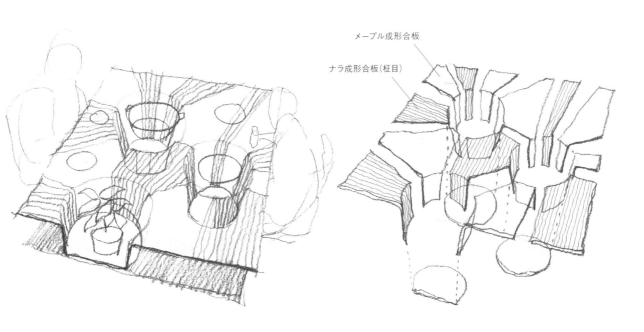

メープル成形合板

ナラ成形合板(柾目)

お鍋や植物がフラットにはめ込まれた「テーブル・スケープ」

連結する成形合板のピースを多彩な材料にすることで、
にぎやかな表情を作ることも可能

「囲炉裏」のようなテーブルです。成形合板によるいくつかのピースを連結し、全体を作ります。
やわらかく凹んだ部分にお鍋や植物などを「象嵌」し、フラットな食卓を演出することができます。

IRORI

天童木工家具デザイン（コンペ案）

23 | ぼかす

キュビズムが生まれる前の19世紀後半のパリ。アカデミズムの絶対的権威に対抗した写実主義が発展し、現実社会のありふれた風景に光をあて、季節や時の移ろいをカンヴァスに表現することをクロード・モネやポール・セザンヌらが試行した印象派絵画。荒々しい筆致のなかに光の動きや変化の質感を見出すことができる、この絵画の特質からの学び。

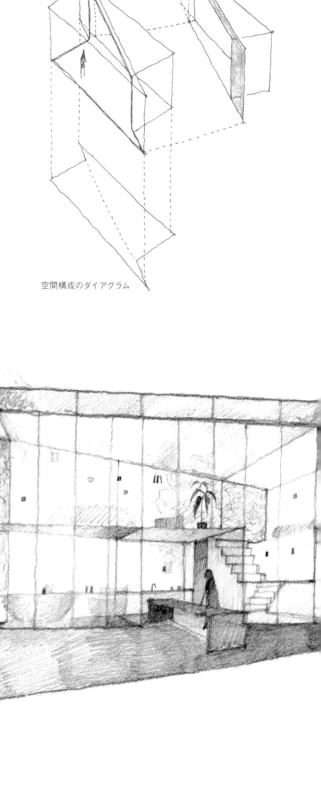

空間構成のダイアグラム

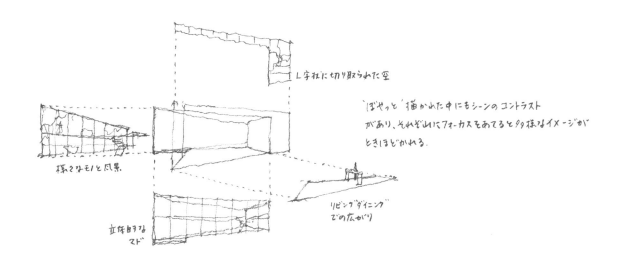

L字状に切り取られた空

ぼやっと描かれた中にもシーンのコントラスト
があり、それぞれにフォーカスをあてると多様なイメージが
ときほどかれる。

様々なモノと風景

立体的なマド

リビングダイニング
での広がり

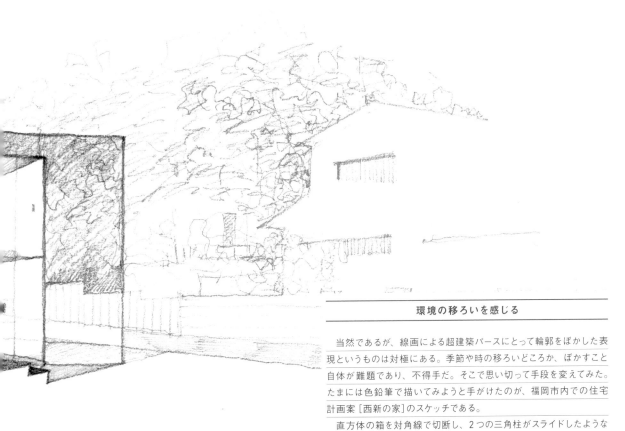

環境の移ろいを感じる

　当然であるが、線画による超建築パースにとって輪郭をぼかした表現というものは対極にある。季節や時の移ろいどころか、ぼかすこと自体が難題であり、不得手だ。そこで思い切って手段を変えてみた。たまには色鉛筆で描いてみようと手がけたのが、福岡市内での住宅計画案［西新の家］のスケッチである。

　直方体の箱を対角線で切断し、2つの三角柱がスライドしたような構成の住宅である。そのズレが光や風を取り込み、近隣の景観も垣間見せる。取り込む環境や景観の移ろいは、印象画のような "ぼやっと" した空気として表現したかった。その空気にもコントラストがあり、それぞれにフォーカスを当てると多様なイメージが解きほどかれるような表現を目指した。

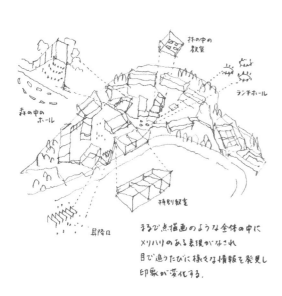

林の中の
教室

ランチホール

森の中の
ホール

特別教室

昇降口

まるで点描画のような全体の中に
メリハリのある表現がなされ
目で追うたびに様々な情報を発見し
印象が変化する.

点描的な着彩で変化を

　印象派を代表する画家、ジョルジュ・スーラは「点描」という技法を確立したことで知られる。光や植物を表現するのに多彩な色を点状に配し、また補色を近くに置くことで色彩を際立たせるなど、リアルな光を再現している。

　[くまもとアートポリス 2012「和水町立菊水小・中学校業務公募型プロポーザル」]応募案では、インクの線画をベースにしながらも、敷地の自然表現はスーラが追究したような点描から学んだ。敷地を埋め尽くす緑を、色鉛筆の多様な色彩で施している。緑色だけでなく赤系の補色、さらに青色や黄色なども織り交ぜた。一見ぼやっと見える全体の中で、キリッとした線画の印象が一層引き立つ。見るたびに変化する光と自然を再現する、印象画のようなパースを目指した例である。

図の展開	Metamorphosis	REFINING A PERSPECTIVE DRAWING
変幻	見方により発見のある変幻性

奥行きが固定された二次元表現のなか
で、向こうの壁が手前に感じられたり、
手前にある窓の風景がずっと奥に感じ
られたり、それらが並んで見えたかと
思えば揺れ動いたり。そんな状態を再
現できないかと考えている。見方によ
り発見のある変幻性をもつパースの試
みである。

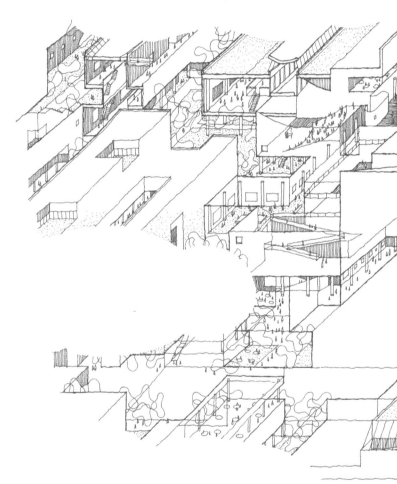

前後が絶え間なく揺れ動く

ル・コルビュジェの無限成長美術館を
ベースにした［無限揺動美術館］という
コンセプトのドローイングである。東京・
上野にある［国立西洋美術館］が無限に
成長したら、という仮定で美術館や図
書館、大学などといった知の施設を拡張
させ、それを"超遠方から望遠レンズでズー
ムインした"イメージで描いた。

　ただ描くのではない。壁や床などのエ
レメントを、無限成長のスプロールのな
かで、奥行きという"つじつま"から解放
させてあげると、平面であるのにもかか
わらず前後関係が絶え間なく画面のなか
で揺動し、人々のざわめきさえも聞こえ
てくるような気がしないだろうか。いわ
ばマウリッツ・エッシャーのだまし絵と洛
中洛外図の融合とでも言えようか。

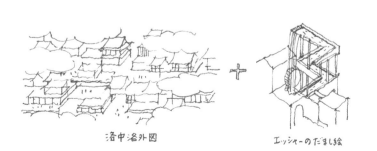

洛中洛外図　　＋　　エッシャーのだまし絵

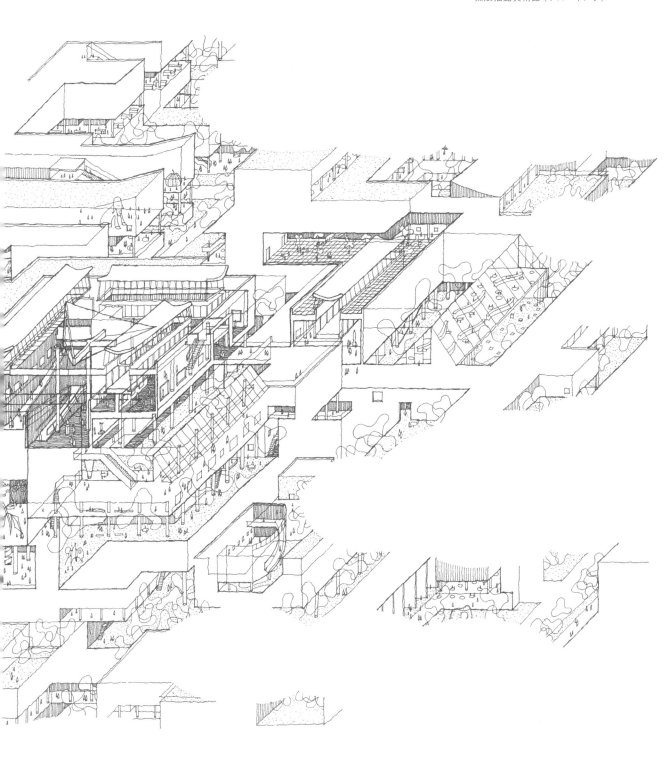

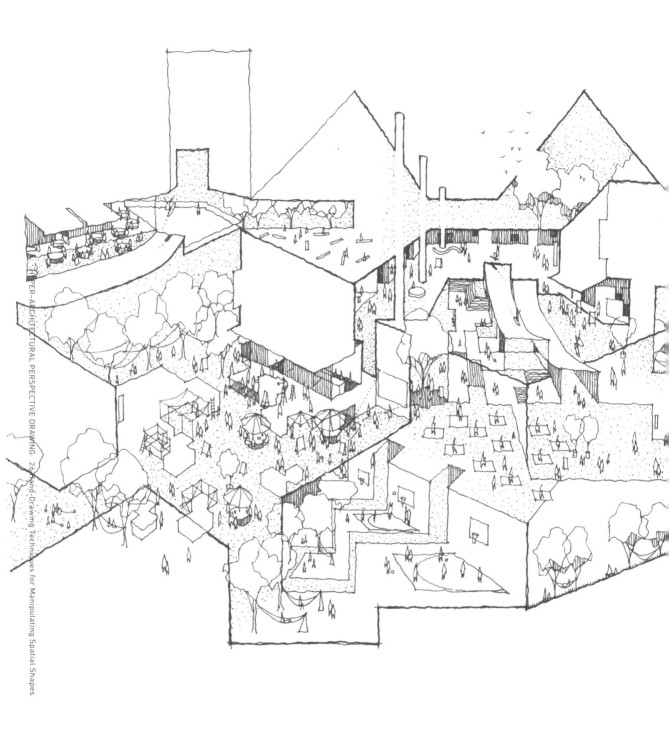

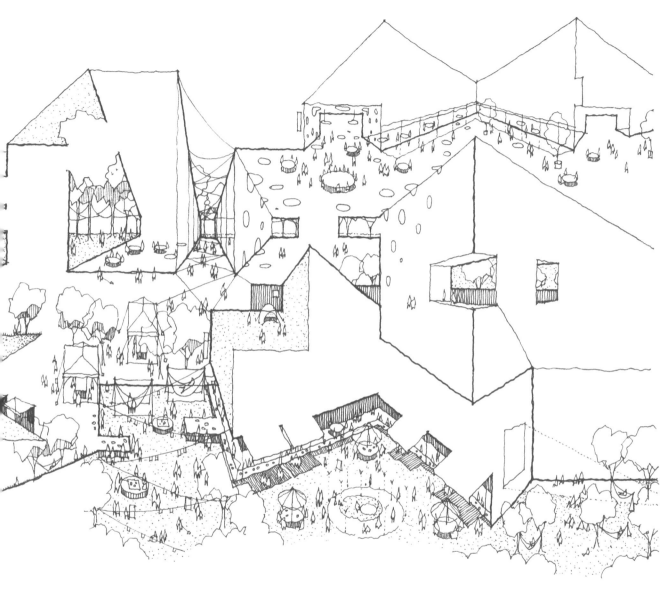

オープンエンドな広がりのなか
様々な場所が明滅する.

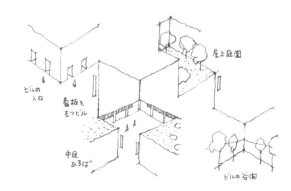

広がりのなかで明滅する様々な場所

パースとしてのまとまりが見る度に異なって見えるような変幻性を試みた、書籍『プレイスメイキング』（園田聡著）の表紙装画である。

アイソメでは立体を構成する三つの面がY字状に集まる規則性を"悪用"した。そのY字の立体表現を溶けたりつなげたりするのである。ある時は奥行きが変化し、またある時は高さが変化する。たとえば、画面左端の部分に注目してみると、広場の一角に看板をもつビルが浮かび上がってきたかと思えば、緑豊かな屋上庭園が認識できたり、ビル間の小径が感じられたりしないだろうか。

オープンエンドな広がりのなかで様々な場所が存在感を出したり消えたりと、明滅するドローイングを目指した。

これまで「第3章 図の極意」「第4章 図の展開」を通して様々なツボを紹介してきたが、いよいよそれらを総合した表現について考えたい。キャンパス計画やまちづくりの構想といった、よりスケールの大きな情報伝達を目的としたパースである。全体構成の「概要」を伝えることはもちろん、部分の「特徴」や「雰囲気」を両立させるコツを整理していこう。

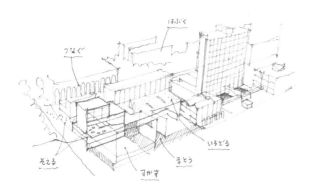

多彩なツボを駆使する

すべてのパースはツボの掛け算でできている。その掛け合わせの典型例が、[早稲田大学63号館計画]のパースだ。キャンパスの南西角地に計画される新校舎のボリューム感、機能構成、断面的特徴を伝えることが目的であった。ここで組み合わせたメインのツボは、透明にする「すかす」とハッチングによる「まとう」である。

校舎を輪切りにし、切断された手前のボリュームを透明にすることで、全体の輪郭を伝えること、断面情報を伝えることを両立させている。

さらに、キャンパス全体や周辺環境との関係を示すために、「なじむ」で示した周辺の等価な描き込み、それらが遠くなればなるほど省略されていく「はぶく」が使われていることにも着目してほしい。そして全体的に点景を配する「そえる」と、最低限の着彩で「いろどる」ことで、全体をまとめている。

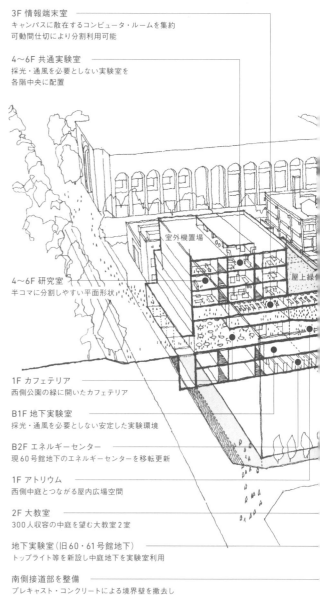

3F 情報端末室
キャンパスに散在するコンピュータ・ルームを集約
可動間仕切により分割利用可能

4～6F 共通実験室
採光・通風を必要としない実験室を
各階中央に配置

室外機置場

4～6F 研究室
半コマに分割しやすい平面形状

屋上緑化

1F カフェテリア
西側公園の緑に開いたカフェテリア

B1F 地下実験室
採光・通風を必要としない安定した実験環境

B2F エネルギーセンター
現60号館地下のエネルギーセンターを移転更新

1F アトリウム
西側中庭とつながる屋内広場空間

2F 大教室
300人収容の中庭を望む大教室2室

地下実験室(旧60・61号館地下)
トップライト等を新設し中庭地下を実験室利用

南側接道部を整備
プレキャスト・コンクリートによる境界壁を撤去し
道路に開いた緑化境界を整備

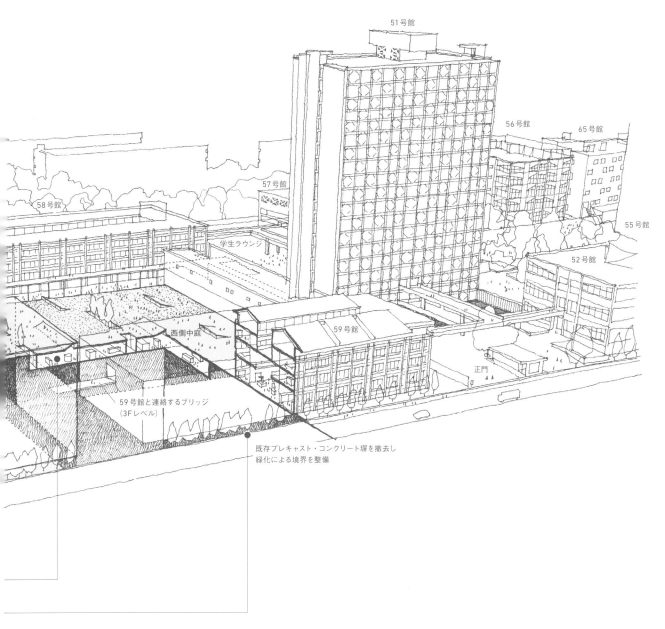

51号館

56号館

65号館

57号館

58号館

55号館

学生ラウンジ

52号館

59号館

西側中庭

正門

59号館と連絡するブリッジ
（3Fレベル）

既存プレキャスト・コンクリート塀を撤去し
緑化による境界を整備

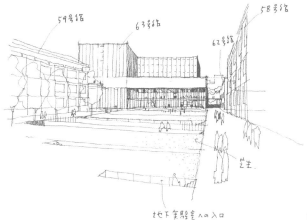

59号館

63号館

58号館

62号館

芝生

地下実験室への入口

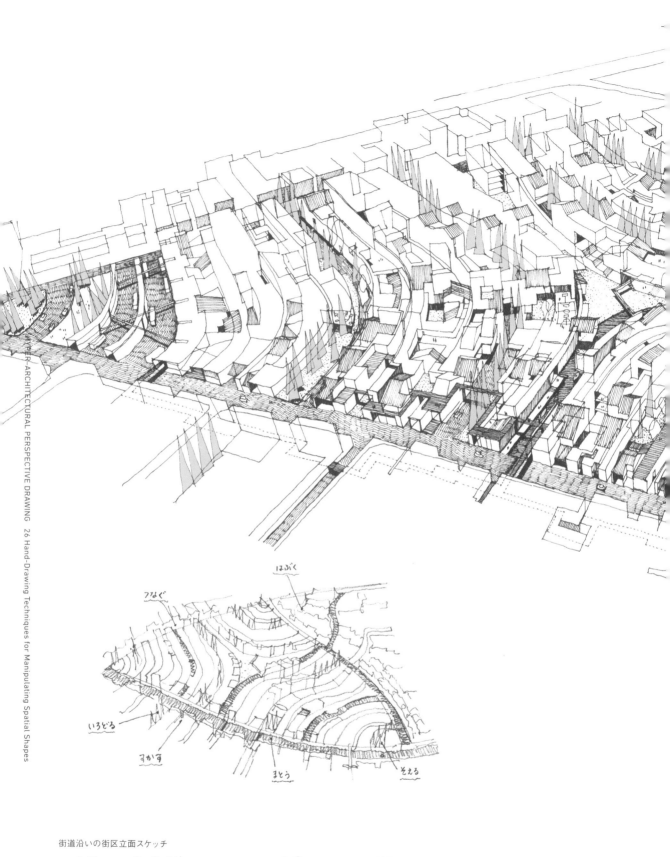

はぶく

つなぐ

いろどる

すかす

まとう

そえる

街道沿いの街区立面スケッチ

肝となる要素を引き立てつつ

　［上海朱家角計画］は、地域の資質を活かした都市のバージョンアッ
プを提案したパースだ。中国の伝統的な水濠都市の景観を継承しつ
つも、容積率を増大させ、さらに水系を活かした新たな交通システム
や親水性を備える計画案である。

　まず、街路景観を伝えるために連続する建物のファサードを描き込
んだ。さらに対面する建物群のボリューム感とシルエットも重ねていく。
路面のハッチングによって「まとう」テクスチャーを与えると、街路は
立体的に浮かび上がる。それは水路も同様である。

　水際の表現にも目を向けてほしい。太線や高密度のハッチングでコ
ントラストを上げ、網目状に展開する水系と親水空間の関係を強調し
ている。提案の肝となる水系を引き立てつつ、空間計画そのものがよ
り浮かび上がる効果もある。

26 いきいきと

図の展開	Visual Concept | REFINING A PERSPECTIVE DRAWING
構 想	広域ビジョンを引き立たせるパースの「生気」

様々な手法や技術を駆使してパースを描き込んでいけば、密度の高い表現ができあがる。しかしそれらがすべて最適な超建築パースかというと、必ずしもそうではない。"ある"と"ない"では伝達力や期待感に雲泥の差が生まれてしまうものがある。それは一体何か。わくわく感につながる、パース全体の生気、つまり「いきいきさ」である。

かつて加藤清正が計画した古町の「一町一寺」では、通り空間およびそれを介して向かい合う町家群が「町」の単位であり、街区の中庭である「寺」は防衛機能を備えると同時にコミュニケーションの場でもあった。

つまり「オモテ」と「ウラ」が役割分担をし、連携する多重性を備えていたのである。しかし近現代都市では道路に交通、交流など全ての機能が集約・一元化され、「ウラ」の衰退が空地や空き家の増殖を助長している。

30年後の熊本では、清正の都市計画から学び、その多重性や冗長性を備えたリバブルシティを復活させるべきである。

かつての「ウラ」である街区内スペ

万日山 熊本駅

熊本駅周辺エリア

05

- ・ロジ（路地）は緑ロジと歴史ロジにより構成される
- ・緑ロジは桜町花畑エリアから古町を経由し熊本駅エリアまでリンクする
- ・歴史ロジは新市街、桜町花畑から新町を経由し、熊本駅までリンクする
- ・2つのリンクは古町でクロスし、融合しながら熊本駅につながる

熊本城
新町
上
下通
桜町・花畑
白川
古町
坪井川
熊本駅

歴史ロジ
寺社や町家などを中心とした歴史遺産を辿ることができるオープンスペースのネットワーク

緑ロジ
街区内にて緑豊かなオープンスペースが数珠つなぎ状に連続する

ラフスケッチのように

筆者もかつては、描きこむ密度や正確さに夢中になりすぎて、パース全体が硬くなってしまった経験を幾度となく繰り返している。そんなとき、師匠より「線が正確なCADのようで、いきいきさがなくなっている。この前下書きで書いていた、手描きのラフスケッチの方がいいよ」と言われたものである。

気楽に描くラフスケッチの、のびのびとした線。この線でプレゼンテーションのパースが描けたらどんなに良いだろう……と、頭ではわかっていても、いざ実行するのは至難の業なのだ。熊本市「グランドデザイン2050」の一部を提案した[ロジ・リンク・シティ]では、なんとかそれを実行しようと試みている。

ースにて、空地を集約・再配置することで拡張し、緑と歴史のネットワークを展開する。また「オモテ」は新交通（自動運転やパーソナルモビリティ）のインフラ動線として効率的に体系化し配置する。つまり<u>オモテとウラを反転する</u>のである。

歩いてたのしいロジと、歴史をたずね歩くロジによる2つのロジネットワークが中心市街地や駅周辺といった拠点エリアを有機的にリンクし機能的な交通体系と連携しながら、快適であり使いやすいリバブルシティを形成する。
これが2050年の新町・古町ビジョンである。

空地や駐車場

町家と通りによる「町」

かつての防御と交流の拠点「寺」

01
・通りとそれを介して向かい合う
　町家が「町」であり、中庭が「寺」
・その構造が衰退し、空き地や駐車場
　が増殖し、虫食い状態が年々進行

空地を交換し再配置

抜け道のようなロジ空間

02
・空き地を交換し、街区内で
　数珠つなぎ状に集約・再配置する
・対角線状に「抜け道」のような
　ロジ空間が構成される

外周部に新交通システム

ロジに面した店舗など

03
・ロジは雁行した
　オープンスペースであり、
　近接する街区をつなぐことで
　リンクし一大ネットワークを形成

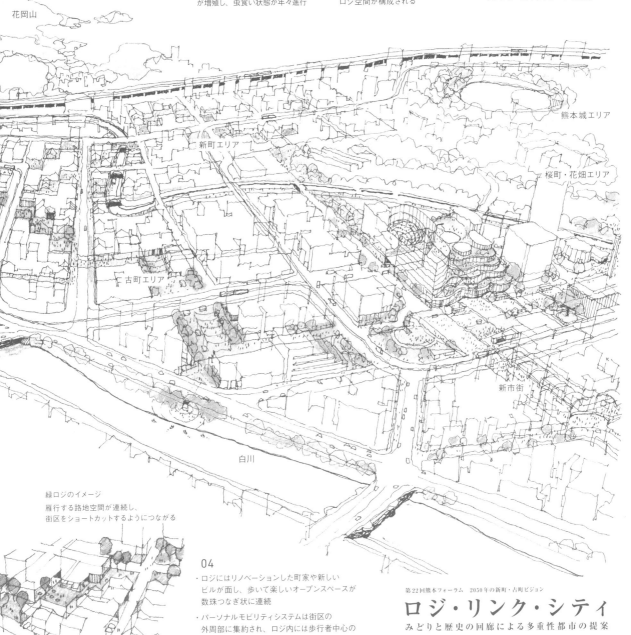

花岡山

熊本城エリア

新町エリア

桜町・花畑エリア

古町エリア

新市街

白川

緑ロジのイメージ
雁行する路地空間が連続し、
街区をショートカットするようにつながる

04
・ロジにはリノベーションした町家や新しい
　ビルが面し、歩いて楽しいオープンスペースが
　数珠つなぎ状に連続
・パーソナルモビリティシステムは街区の
　外周部に集約され、ロジ内には歩行者中心の
　安心安全のネットワークが形成される

第22回熊本フォーラム　2050年の新町・古町ビジョン

ロジ・リンク・シティ
みどりと歴史の回廊による多重性都市の提案
熊本大学大学院先端科学研究部教授　田中 智之　20190906

最も難しいツボとは

　最後を飾るのは［未来の九州五輪］と題した構想図である。もし九州で五輪が開かれたらどのようなものになるのか、というテーマで、既存施設や自然環境を駆使して九州全島で展開される姿を描いている。

　建物や都市の表現は四角や直線が多く透視図が描きやすいが、島と地形ではパースどころではない。特に、遠近感や立体感を出すのには苦心する。しかし逆に曲線ばかりであることを生かして、自由でのびのびとしたあの「ラフスケッチのような感じ」を目指して気軽に描いてみた。結果的にはワクワクするような九州の将来像が描けたのではないかと思っている。「いきいきと」したパース、これが最も難しいツボである。いつでも肩の力を抜いてのびのびと描けるようになるまで、今後も追究を続けていきたい。

いきいきとした「くまモン」の練習

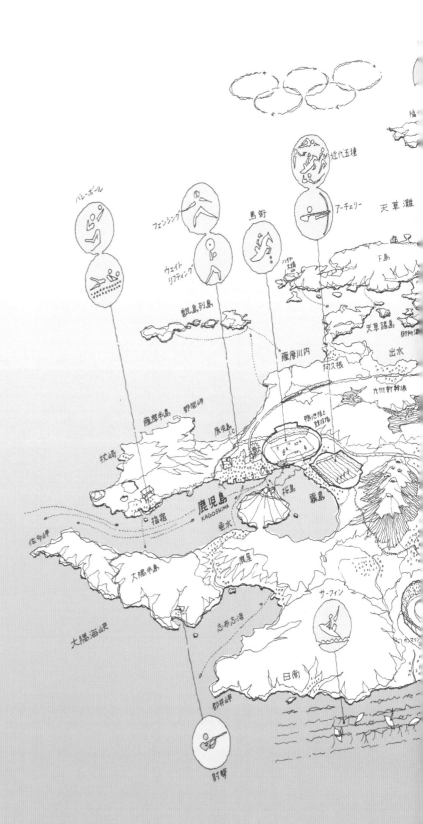

おわりに
「タナパー」の未来

　本文中では触れていませんが、筆者による「超建築パース」は、建築界の一部で「タナパー」と呼ばれているようです。「タナパー」って何?と聞かれることも多いので、以下のような説明をするようにしています。

　「タナパー」とは、1990年代後半から取り組んだ数々のコンペやプロポーザルを通して開発された、空間構成やその全体像を伝えつつもその建築の佇まいや場の雰囲気、そして使われ方やアクティビティまでも盛り込むという重層的な表現を、透明感のある青い線画でまとめたもの。その呼称は早稲田の後輩たちがいつしか"「タナ」カさんの「パー」ス"を略して呼び始めたことが起源です。

　線画でパースを描くのは当然筆者だけではなく、それこそルネサンス期以降、世界中で幾多のパースが線画を用いて描かれてきました。でも何かほかと違う点があるから「タナパー」などという固有名を付けられているのだろうと思い、二十数年にわたって描いて来たパースを振り返り、その特徴やエッセンスを整理してみました。

　それらを「ツボ」として捉え直し、26のパース術として書籍化したのが本書です。その上で学芸出版社の岩切江津子さんには多大なる協力をいただきました。最初にお声がけいただいたのが確か2013年。中断そして疎遠となった期間も含めて8年の月日が経とうとしています。前書『階段空間の解体新書』は大難産でしたが、それに匹敵する年月にもかかわらず、なんとか書籍として世に送り出すことができました。岩切さんには重ねて感謝申し上げます。

　筆者はこれからもタナパーを描き続け、それぞれのツボをより磨いていきます。本書の第2弾を出せるくらい、ツボを増やし、そして極めていくことが今後の目標です。

2021年初夏　田中智之

初出一覧

「福岡アイランドシティ(ドローイング)」
『アイランドシティ低炭素型都市ビジョン』2011 年、
福岡市港湾局　本書 pp.46-47

「日生劇場・階段（ドローイング）」
『コンフォルト』2003 年 11 月号、
建築資料研究社　本書 pp.52-53

「旧東京日仏学院・階段（ドローイング）」
『コンフォルト』2004 年 6 月号、
建築資料研究社　本書 pp.56-57

「熊本城（ドローイング）」
『PERSPECTIVE 建築パース 2005 展「JARA 大賞」作品図録』2005 年、
日本アーキテクチュラル・レンダラーズ協会　本書 pp.58-59

「東京文化会館・階段（ドローイング）」
『コンフォルト』2004 年 3 月号、
建築資料研究社　本書 pp.60-61

「住宅・吹上の家（ドローイング）」
『新建築住宅特集』2005 年 2 月号、
新建築社　本書 pp.68-69

「都営バス構想 2020(装画)」
『都営バス構想 2020』2017 年、
東京都交通局　本書 pp.74-75、88-89

「大徳寺王林院蓑庵（ドローイング）」
『コンフォルト』2003 年 6 月号、
建築資料研究社　本書 pp.90-91

「南禅寺金地院八窓席（ドローイング）」
『コンフォルト』2003 年 6 月号、
建築資料研究社　本書 pp.92-93

「住宅・京町の家（ドローイング）」
『新建築住宅特集』2015 年 5 月号、
新建築社　本書 pp.94-95

「森のピロティ＋軽井沢の山荘（ドローイング）」
『コンフォルト』2013 年 2 月号、
建築資料研究社　本書 pp.98-99

「明石市立図書館（ドローイング）」
『図書館からはじまる "あかし暮らし" AKASHI STYLE』2018 年、
明石市立図書館　本書 pp.106-107

「無限揺動美術館（ドローイング）」
『LIXIL eye no.14』2017 年、
株式会社 LIXIL　本書 pp.114-115

「プレイスメイキング（装画）」
『プレイスメイキング　アクティビティ・ファーストの都市デザイン』2019 年、
学芸出版社　本書 pp.116-117

「未来の九州五輪（ドローイング）」
『西日本新聞』2020 年 1 月 1 日刊、
西日本新聞社　本書 pp.124-125

著者略歴

田中智之（たなか・ともゆき）

熊本大学大学院教授、TASS建築研究所共同代表。博士（建築学）。1971年埼玉県生まれ。1994年早稲田大学理工学部建築学科卒業、1996年同大学大学院修了後、同大学専任助手、同大学客員講師等を経て現職。主な作品に「早稲田大学會津八一記念博物館」（1998）、「京町の家」（2014）、「熊本駅周辺地域都市空間デザイン」（2005〜）、「熊本市桜町・花畑周辺地区まちづくりマネジメント」（2011〜）。主な著書に『建築の森・熊本を歩く』（彰国社、2018）、『階段空間の解体新書』（彰国社、2018）。主な出展に「土木展」（2016年、21_21 DESIGN SIGHT）、「田中智之の解体新書展」（2019年、熊本市現代美術館）。

超建築パース　遠近法を自在に操る26の手描き術

2021年8月10日　第1版第1刷発行

著者	田中智之
発行者	前田裕資
発行所	株式会社学芸出版社
	京都市下京区木津屋橋通西洞院東入
	電話075-343-0811　〒600-8216
	http://www.gakugei-pub.jp/
	info@gakugei-pub.jp
編集担当	岩切江津子
営業担当	中川亮平
装丁デザイン	赤井佑輔・仲勇気（paragram）
印刷・製本	シナノパブリッシングプレス

© Tomoyuki Tanaka 2021
ISBN 978-4-7615-2780-8 Printed in Japan